· 岭南师范学院雷阳学者奖励计划资助项目（2025）

社会工作

范畴意蕴与时代转型

CONNOTATIVE SCOPE AND EPOCHAL TRANSFORMATION OF

SOCIAL WORK

张 勇◎著

中国经济出版社
CHINA ECONOMIC PUBLISHING HOUSE
北 京

图书在版编目（CIP）数据

社会工作的范畴意蕴与时代转型 / 张勇著. -- 北京 : 中国经济出版社，2025. 6. -- ISBN 978-7-5136-8228-2

Ⅰ. D632

中国国家版本馆 CIP 数据核字第 2025D3V892 号

责任编辑　叶亲忠
责任印制　李　伟
封面设计　华子图文

出版发行　中国经济出版社
印 刷 者　北京艾普海德印刷有限公司
经 销 者　各地新华书店
开　　本　710mm × 1000mm　1/16
印　　张　9.25
字　　数　110 千字
版　　次　2025 年 6 月第 1 版
印　　次　2025 年 6 月第 1 次
定　　价　68.00 元
广告经营许可证　京西工商广字第 8179 号

中国经济出版社　**网址** http://epc.sinopec.com/epc/　**社址** 北京市东城区安定门外大街 58 号　**邮编** 100011
本版图书如存在印装质量问题，请与本社销售中心联系调换（联系电话：010-57512564）

前 言

莎士比亚的名剧《哈姆雷特》中有句经典的独白："生存还是毁灭，这是一个值得考虑的问题"（To be，or not to be：that is the question），独白深刻地揭示了人性之挣扎，不仅寓意着客观世界存在的内容与形式的复杂性和多样性，也表达了人类对客观世界认知的欲求与努力。的确，人类正确认识世界是获得人与外界和谐共处与共赢的前提，随着社会发展和科技的进步，我们发现，不仅出现许多新的未知领域，而且既有的经验认知与知识也不断发生着变化，甚至人类对现实世界的认知与解释越来越有限，进而带来理论认知的混乱以及实践中的无序忙乱。

源于西方世界的社会工作，不论是作为实践行动，还是作为理论范畴，从西方世界引入中国后，在中国这一具体的实践场域和理论知识语境中，其内涵与外延实际上也是在不断发生变化的；与此同时，伴随的是理论界（包括实务部门）对社会工作范畴理解的不懈追求，因为"社会工作是什么，社会工作不是什么，这也是一个严肃而值得思考的问题"，该问题不仅直接关乎社会工作自身的发展，在深层次上也关乎社会秩序稳定与人民生活品质的提升。特别是在中国这一具体空间以及新时代中国式现代化这一具体的时间限度内，社会工作现在是什么，社会工作的本质是什么，社会工作未来应该是什么都显得尤为重要。尤为需要注意的是，2023 年 3 月，中共中央、国务院发布的《党和国家机构改革方案》中的一项重大改革内容就是组建中国共产党中央委员会社会工作部（简称“中央社会工作部”），作为党中央职能部门。此部门名称中“社会工作”的话语表达与我们从西方世界引入的社会工作范畴有什么关系，无论是理论界，还是实务界，对此都有积极而热烈的反应。学界不仅有“社会工作的春天真的来了，社会工作教育（者）的春天来了”的惊叹，也有“社会工作可能并非我们所讲的社会工作”的淡淡忧伤，当然，热情与冲动之后，学界似乎意识到“不以此喜，也不以此悲，将我们的社会工作做大做强才是社会工作生存与发展的王道”。作为社会工作实践重要承载和实践主体的社会工作机构，从最早的“我们有了名正言顺的娘家了，我们是有家的孩子了”的亢奋，到最后坦然接受“娘家好像并不亲，一切好像如旧”的现实。作为党中央职能部门的社会工作机构，中央社会工作部似乎对自身定位及其理解都有相对清晰的判断与把握，但由于层级不同所肩负职能的差异，不少地方社会工作部职能部门在日前的实践中陷入“我应该干什么、我能干什么”的迷茫与失落中。

解铃还须系铃人，意欲对社会工作进行全面而正确的理解，务必从社会工作范畴本身的解剖开始，因为范畴是人的思维对客观事物本质的概括反映，是认识对象最直接、最基本的依据。而且，要将对该范畴的理解置于新时代中国式现代化这一具体的时空实践场域与历史阶段中进行理解，从理论发展与知识生产的角度来看，这是构建中国特色哲学社会科学、建构中国自主的知识体系的需要和体现，也是在坚持“两个结合”（马克思主义基本原理同中国具体实际相结合、同中华优秀传统文化相结合）的基础上推动马克思主义中国化的需要和体现。社会工作部中“社会工作”范畴的理解可以从“名”与“实”两个层面来展开。对“名”的理解，即对社会工作范畴进行直接语义化理解与解读；对“实”的理解，即对社会工作范畴进行语境化与情景化理解。二者紧密相连，特别是后者，因为社会工作范畴是一个高度语境化与场域化的概念，这也是带来理论混乱与实践茫然的重要原因。本书正是源于当前理论与实务界对社会工作范畴理解的混乱与茫然，笔者力图通过对社会工作的范畴意蕴进行追寻，并以此为基础，对我国新时代中国式现代化的社会工作的时代转型进行宏观勾勒，以期能为中国社会工作本质的自主知识生产尽绵薄之力，为推动社会工作实践作出贡献。当然，理论者的每一次努力都是推进人类对客观世界正确认知前进的一步，所以，本书对社会工作范畴的理解，以及在范畴理解基础上的新时代应然转型设想与规划，很多是在前人和学界对此问题的研究及理解的基础上进行的梳理与归纳，以期在众多学者的理解与认知中推动我们对社会工作本质认知的无限接近。当然，也期望更多的学者加入对此问题的讨论，共同推动中国社会工作自主知识的系统构建，也共同推动中国社会工作实践发展，最终服务于新时代中国式现代化建设事业。

目 录

第一章

社会工作范畴的语境表达及意蕴理解

2023年,《党和国家机构改革方案》的一项重要内容是组建中央社会工作部。目前，中央社会工作部组建工作已经基本完成，各省市层面的社会工作部组建工作正在有序推进。组建社会工作部是党中央在新时代面临新的国内外环境的大背景下，审时度势，基于优化党和国家机构职能配置与提高治理效能的需要，为推进国家治理体系和治理能力现代化而进行的重大改革举措。中央社会工作部的组建给我国既有社会工作带来新的理论语境与实践空间，学界敏锐地意识到组建中央社会工作部对我国当前基层治理实践、社会福利及社会工作事业的发展可能会产生重大影响，并对组建社会工作部的相关问题进行积极的理论回应，其中包括在社会工作部的机构和制度背景下如何理解社会工作范畴的内涵与外延，以及此处的社会工作与其他语境下使用的社会工作有何异同。理论界也好，实务界也罢，对社会工作的理解既有共识，也有分歧，甚至在理论界内部、实务部门内部均呈现一种特殊现象：一方面大家给予社会工作或社会工作部以极大的热情和关注，另一方面大家所说的“社会工作”好像是一个意思，又好像不是一个意思。导致此种认识模糊与混乱的原因是多方面的，其结果不仅会直接导致对社会工作内涵与外延、属性特征的理解存在偏差，更会直接影响社会工作部机构职能的定位与未来发展优化。特别是在新时代中国式现代化建设的背景下，全面理解不同语境下社会工作的内涵与外延，准确把握社会工作在具体实践场域中的内容与边界，客观认识社会工作的功能与价值，不仅是社会工作部作为党的职能部门有效发挥其部门职能的前提，也是引导我国社会工作事业健康可持续发展的重要前提。因此，有必要对不同语境与场域中的社会工作的意蕴进行全面再理解，只有在此基础上，才能全面科学地理解新时代组建社会工作部背景下社会工作的含义与属性、价值与功能，才能对社会工作部部门职能进行合理的解读与定位。

当前，无论是理论界还是实务界，对社会工作范畴本身及当前社会工作部中的“社会工作”都存在着多样化理解。例如，有学者认为当前我国存在“日常生活中的社会工作”“专业社会工作”“行政社会工作”三种不同理解，[①]有学者认为存在“专业社会工作”“行政性社会工作”“志愿性社会工作”之分野，[②]也有学者从实践、专业和制度三个维度出发，认为存在“实践的社会工作”“专业的社会工作”“制度的社会工作”三个层次，[③]在新时代又呈现“党的社会工作”等新的实践样态，还有学者将社会工作分为“社会的社会工作”和“政治的社会工作”，力图消除当前社会工作理解之混乱。造成上述分歧的原因是复杂的，既有中外具体国情以及发展历史差异因素，也有客观实然与期望应然之间的距离因素，当然，更包括主体认识的主观性带来的必然影响。总之，理论界的研究对社会工作有着不同理解，实务部门在实践与制度语境中也有不同表达，概括起来，其各自言说的“社会工作”的理论与实践语境及内涵主要包括以下几个方面。

① 黄晨熹.组建中央社会工作部对我国社会工作的重要意义［J］.人民论坛，2023（12）：36–40.
② 王思斌.中国社会工作的经验与发展［J］.中国社会科学，1995（2）：97–106.
③ 夏学銮.社会工作的三维性质［J］.北京大学学报（哲学社会科学版），2000（1）：140–147.

第一节　西方理论语境及实践中的“专业社会工作”

社会工作的价值伦理、专业理论、方法技巧等产生于西方国家是学界共识，[①]其起源于民间的慈善实践活动，后来在福利国家体制下被建构为社会福利制度的组成部分，其功能定位是改善社会福利，特别是改善困难群体的社会福利。[②]从其发展历程来看，经历了从志愿性社会工作到行业性社会工作及专业性社会工作的转变。[③]西方发达国家的社会工作理论与实践发展到现在，尽管也存在不同的理解，但总体来看，在西方的理论与实践语境中，多数学者认为社会工作首先是专业的，其符合专业的标准，因此更多的是从专业或专业性角度来理解社会工作。顾名思义，“专业社会工作”的重要特点是其专业属性，此“专业”实则蕴含作为学科专业和自身具有专业性两个层面的意蕴，当然，二者密切相关。

一、社会工作是一门专业

作为一种学科专业类别的专业，主要奠基于专业自身所具有的科学性和专业教育实践，即不仅具有相对完善的、科学的社会工作理论与实践体系，且该体系知识必须以教育的方式进行学习与传授，是社会实践

① 王思斌老师认为我国历史上的实践探索在社会工作发展方面也有其贡献，如20世纪30年代的华北平民教育运动和乡村建设运动被移往国外并得到国际认可，对我国农村社会工作发展也有参考价值。

② 徐道稳．新形势下重新理解社会工作［J］．中国社会工作，2023（25）：24-25.

③ 顾东辉．社会工作概论［M］．上海：复旦大学出版社，2023：71.

需要和学界主体性构建的共同结果。西方社会工作理论和实践与科学性密切相关，本质上是科学的慈善，一般认为 1917 年理奇蒙（Richmond）《社会诊断》一书的问世标志着专业社会工作的诞生。在该著作中，理奇蒙以科学的路径与方法创立了个案工作的社会诊断模式。[①] 而学界对达到“专业”的标准有不同的理解，1915 年弗莱克斯纳（Flexner）提出专业的六条标准：要求伴随个人责任的知识性操作；专业的素材来自科学和学习；这些素材逐渐发展出实用且清晰的目标；专业拥有可传授的与人沟通的技术；专业趋向于进行自我组织；逐渐在动机上成为利他性的；并认为当时社会工作尚非一个专业。[②]20 世纪 50 年代格林伍德（Greenwood）认为专业具有五个特质：拥有为社会所珍视的独特技能；对从业者长期的、专门化训练的期待；拥有这种训练赖以进行的系统理论基础；存在指导实践的伦理法典；存在保护其成员利益的专业协会组织。[③] 康普顿（Compton）认为专业必须具有六个区别性标志：高度概括的和系统化的知识；共同体批准；主要取向是共同体利益而不是个人利益；在伦理法典基础上的高度自我控制的行为，这种伦理法典是通过正式教育、工作社会化和专业人员志愿协会而内在化的；文化；主要是对工作成就表示感谢的货币和荣誉奖励系统，其本身就是目的，而不是促进个人利益的手段。[④]20 世纪 90 年代，加文（Garvin）和特罗普曼（Tropman）提出专业的七条标准：知识体系、理论基础、大学训练、

---

① 顾东辉 . 社会工作概论［M］. 上海：复旦大学出版社，2023：71.

② Morales A，Sheafor B W，Scott M E. Social work：a profession of many faces［M］. 6th ed. Boston：Allyn and Bacon，1992：30.

③ Ernest Greenwood. Attributes of a profession［J］. Social Work，1957（4）：45–55.

④ Kirst–Ashman，Karen. Introduction to social work and social welfare［M］. California：Wadsworth Publishing Press，1980：131.

产生收入、对实践者的专业控制、对专业活动的内在道德或伦理控制、可测量或观察的结果。同时，他们认为社会工作既是专业也是非专业。[①]经过后续发展，多数学界和社会接受社会工作是一个“专业”，拥有需要专门教育和实习的知识技术，具有专业权威、拥有伦理守则、获得社会认可等是该专业的重要属性。[②]同时，作为学科专业的社会工作，自然离不开社会工作教育，从纽约慈善组织会社1898年成立纽约慈善学院到荷兰阿姆斯特丹社会工作学院开设两年制社会工作教育课程，再到1904年纽约社会工作学院成立，1910年美国哥伦比亚大学和芝加哥大学开设社会工作有关课程，1912年波士顿开设医疗社会工作课程，都不同程度地推动了社会工作教育的发展。同时，对社会工作的研究也进一步加强了社会工作的专业地位和教育发展，贝姆（Boehm）完成了14卷本的社会工作课程研究，对后续美国及其他西方国家社会工作教育产生了很大影响。[③]

二、社会工作具有专业性

社会工作具有专业性之属性，即社会工作具有与其他行为相区别的属性内容与标准，那么这些专业属性内容或区别标准具体包含什么内容？有学者认为从社会工作概念出发来理解社会工作的专业性是比较合理、简单和科学的策略。[④]但目前中西方学界对专业社会工作实则并没有

① 顾东辉.社会工作概论［M］.上海：复旦大学出版社，2023：71-76.

② 顾东辉.专业迷思与多维应变：当代中国社会工作发展的十项任务［J］.中国社会工作学刊（第四辑），2022（4）：19-21.

③ 顾东辉.社会工作概论［M］.上海：复旦大学出版社，2023：74.

④ 顾东辉.专业迷思与多维应变：当代中国社会工作发展的十项任务［J］.中国社会工作学刊（第四辑），2022（4）：19-21.

严谨而明确的定义，很多学者在不同历史阶段基于不同场景给予不同的理解，如沃纳（Werner）认为社会工作是通过注重人与环境互动中的社会联系，寻求其个体层面或群体层面社会功能的提升，从而恢复受损的能力、提供个人和社会资源、预防社会负功能。佩尔曼（Perlman）认为社会工作其实就是“4P”，即person（人）、problem（问题）、place（机构）和process（过程）。国际社会工作者联合会（IFSW）和国际社会工作教育联盟（IASSW）认为，“社会工作是一种以实践为基础的职业，也是一门促进社会变革、社会发展、社会团结以及赋能和解放人民的学科。社会正义、人权、集体责任和尊重多样性的原则是社会工作的核心。以社会工作、社会科学、人文学科理论和本土知识为基础，社会工作将人们和组织密切结合起来，以应对生活挑战并增进福祉”，同时强调上述定义可以在国家或地区层面加以扩大。[①] 概括起来，社会工作的专业性实则包括专业性的知识、价值与技能三个方面，并且该专业性的知识、技能及方法具有与其他类似行为相区别的属性。从社会工作所需具备的专业性知识内容或知识体系来看，约翰斯（Johnson）认为专业社会工作者应该拥有的知识包括人类行为、临床心理和统整性知识，前者包括发展理论、生态学、存在主义、社会功能等；中者涉及行为治疗、认知、沟通、危机干预、完型治疗等；后者包含整合、区域发展、组织、社会行动、社会设计等。类似于医生和律师需要专门学习与实习的高尚职业。[②]1958年由美国社会工作者协会发展的“社会工作实务的操作定义”中认为社会工作的典型知识主要包括人类行为和整体环境的知识，心理学的相关知识，人类沟通方式的知识，群体过程和群体与个人相互

① 徐道稳．新形势下重新理解社会工作［J］．中国社会工作，2023（25）：24–25.

② 顾东辉．社会工作概论［M］．上海：复旦大学出版社，2023：36–37.

影响的知识，文化遗产包括宗教信仰、精神价值、法律和其他社会制度对个人、群体及社区的意义与影响的知识，诸种单元之间互动过程和关系的知识，社区发展和变迁的知识，社会服务和社会资源的知识，自我概念和专业自觉的知识共九个方面。[①] 我国也有学者认为社会工作专业必须具备的知识基础包括社会工作者关于自我、专业和干预的知识，社会工作者关于案主的知识，社会工作者关于案主问题或改变领域的知识，社会工作者关于社会和文化环境的知识四个方面，并且这些知识主要来自精神分析和心理学，社会学和社会人类学，个案工作、群体工作和社区组织，行政管理、统计学和社会研究，渐进教育等独立学科或研究领域。[②] 同时，社会工作的专业性体现在其所具有的独立价值观念上，有学者认为社会工作的价值观主要包括个人在社会中首要地位的承诺；为满足社会公认需要的社会变迁承诺；对社会中所有人的经济、身体、精神福祉和社会正义的承诺；尊重与欣赏个体和群体的差别，个别化对待的承诺；发展案主的能力，帮助他们自助的承诺；向其他人传递知识和技能的承诺；把个人感情和需要与专业关系分离开来的承诺；尊重案主隐私和保密的承诺；不顾个人挫折，坚持不断改善案主状况的承诺；高标准的个人和专业行为承诺十个方面。[③] 社会工作专业性的技能，即社会工作具有专业性的方法，笔者将在第二章中“作为方法的社会工作”部分对相关内容进行梳理和分析。在具有知识、价值和技能三个层面的专业性基础上，将之运用在社会工作实践的结果就体现为社会工作实践或行

---

① Morales A，Sheafor B W，Scott M E. Social work：a profession of many faces [M]. 6th ed. Boston：Allyn and Bacon，1992：181–182.

② 夏学銮.社会工作的三维性质 [J]. 北京大学学报（哲学社会科学版），2000（1）：140–147.

③ Morales A，Sheafor B W，Scott M E. Social work：a profession of many faces [M]. 6th ed. Boston：Allyn and Bacon，1992：224–228.

为的高水平或高技能。

上述专业社会工作之专业所蕴含的两个方面实则是紧密相连的。一方面，社会工作所具有的专业性的知识、价值与技能以及在实践中所积累的经验为社会工作专业分立成为一门独立的学科专业提供了重要的与其他专业相区别的知识体系，同时提供了学科专业分立的社会需求、场景和基础；另一方面，作为学科的社会工作专业教育与研究不断丰富和完善社会工作知识与价值体系，为社会工作实践进一步提供科学的理论与方法，进一步增强社会工作的专业性，也正是在此意义上，专业的社会工作教育及训练在专业社会工作的理论与实践中发挥着重要作用。

第二节　我国社会工作教育语境及实践中的“本土化社会工作”

由于历史及社会制度等多方面的原因，西方专业社会工作的理念、理论与实践最早传播扩散到中国台湾和香港地区。香港与台湾同属华人文化圈，且均以资本主义经济为主背景，两地社会工作发展历程及其内容具有一定的相似性。尽管两个地区社会工作有着不同的专业风格，在发展路径上也有香港的“自上而下”与台湾的“自下而上”路径差异，[①]但总的来看发展专业化社会工作是其共同特点。

① 吴丹．港台社会工作发展路径的比较分析［J］．社会工作，2008（4）：37–39.

一、台湾和港澳地区的社会工作

台湾社会工作的源头可追溯到日本殖民政府时期的“社会事业”和国民党政府在大陆时期的社会工作。①1949 年，国民党退台后，最初经历了“党政化社会工作”阶段，将“本着党的社会政策而推动的工作”称为社会工作，其内容包罗万象。20 世纪 60 年代，台湾当局开始要求在民生主义、社区发展等领域雇用“受专业训练之社会工作员”，主要开展儿童、青少年及老年福利服务、低收入户脱贫辅导、平价住宅区社区等服务。20 世纪 70 年代，受西方社会工作的影响以及台湾社会工作教育发展和推动，台湾社会工作专业化进一步增强，加之社会一直呼吁将社会工作人员纳入政府编制，社会工作专业化得到政府体制性保障。1997 年，台湾颁布实施“社会工作师法”，是台湾社会工作专业化发展道路上具有里程碑意义的标志。②

香港社会工作起源于 20 世纪 40 年代后期的社会慈善和社会救济工作，初期以福利性救济服务为主，受英国政府管辖等因素影响，20 世纪 40 年代其就派人到英国考察学习社会工作，1972 年香港正式宣布凡从事社会福利服务的社会工作人员必须接受社会工作专业训练，制定了一系列的社会工作专业化服务标准和规范，在大力推行社会工作专业化的同时，服务对象和内容逐步扩大，服务单位从个人、家庭、社区扩展到学校、医院、监狱、社会企业等几乎所有社会组织。③1997 年香港回归后，特区政府颁布实施《社会工作者注册条例》与《注册社会工作者

① 寇浩宁．简论台湾社会工作专业化历程［J］．台湾研究集刊，2012（2）：56-62.
② 吕宝静．社会工作与台湾社会［M］．台北：巨流图书公司，2022：1-42.
③ 夏丽丽．社会工作在香港［J］．唯实，2012（8）：62-63.

工作守则》，进一步推动社会工作的专业化发展。总体来看，香港社会工作主要包括社会保障、社会福利服务及管理、义务工作和社会工作教育等内容，具有严密的组织性、政府与社会的有机结合、高度的专业化等特点。①

澳门社会工作最早可以追溯到早期澳门民间社会的慈善事业，从20世纪60年代开始，澳门社会工作专业化发展得益于三股力量的推动：一是以澳门妇女联合总会为代表的多个社会福利服务团体将扶危济困作为工作重心。二是政府的积极介入和推动。澳门当局1960年将1938年创办的公共慈善救济委员会更名为公共救济处，1967年改组为社会救济处，并开始资助民间慈善活动和监管民间社会服务团体的工作，1999年澳门回归后，特区政府将社工司改建为社会工作局，以规范引导社会工作发展。2019年《澳门特别行政区第5/2019号法律》对社会工作者专业资格制度提出明确要求。三是澳门社会工作教育及专业人才培养。特别是1977年澳门社会工作学院的建立，为澳门社会工作专业化发展提供了有力支持。到目前为止，澳门也建立了相对完善的社会工作专业发展保障制度。

二、我国社会工作的洎入

我国社会工作发展一方面受西方及中国港台地区社会工作理论与实践的影响，另一方面得益于社会工作教育界的努力，在一定意义上，我国社会工作实践属于教育先行或教育引导型，社会工作教育与社会工作实践基本同步。这种教育先行的社会工作发展路径，一方面是由专业教

① 张著名.香港社会工作的内容、特点及启示［J］.福建省社会主义学院学报，2001（2）：17-19.

育的内在规律决定的，专业教育是专业实践的重要基础和推动力；另一方面是作为后发国家，向西方学习借鉴的结果。专业的设立是专业教育的开端和基础，我国社会工作的发展也不例外，社会工作专业的设立对此后社会工作教育及社会工作事业发展发挥着重要作用。1987 年，民政部在北京马甸召开社会工作教育发展论证会，确认社会工作专业的学科地位，1988 年原国家教委批准北京大学、中国人民大学、吉林大学和厦门大学恢复和重建社会工作专业，此后，社会工作专业本科高校陆续增加。2009 年，国务院学位委员会办公室发布《关于开展社会工作硕士专业学位教育试点工作的通知》，我国开始社会工作专业硕士的人才培养。同时，为推动社会工作教育事业发展和我国社会工作行业发展，国内教育界积极与社会工作发达地区合作，开展社会工作人才培养，如从 2000 年开始，香港理工大学应用社会科学系与北京大学社会学系共同举办了“社会工作文学硕士（中国社会工作）课程班”（香港理工大学 MSW），到 2014 年已举办 7 届，共培养了 240 名学员，其中很多是我国内地高校的在职教师，很多参训者后来承载着我国社会工作教育开拓者的使命，至今他们多数仍活跃在我国的社会工作教育界，形成当前我国社会工作教育界的支撑性力量。到目前为止，全国开设社会工作专业的大学专科院校 70 个、本科院校 328 个，社会工作专业硕士授权单位 183 个，社会工作方向博士点培养单位 22 个。[①]2022 年，国务院学位委员会、教育部印发《研究生教育学科专业目录（2022 年）》，新增社会工作博士专业学位，2024 年有不低于 30 所高校申报了社会工作专业博士学位点，人才培养层次覆盖专科、本科、专硕、专博全过程。

① 马凤芝. 以学科标准化建设推进中国社会工作教育高质量发展［J］. 南京理工大学学报（社会科学版），2023（5）：1–5.

我国教育界在引入社会工作后，在学科专业目录中将其归属于社会学学科，其原因不仅是名称上“社会”二字的相同，更重要的是社会工作所具有的社会属性与社会学学科的相通性，因此，学界对“社会工作”的认识也往往局限在社会学学科中，普遍认为社会工作是一项社会服务活动，也是社会建设的重要组成部分。[①]社会工作作为舶来品，其教育与实践深受境外发达地区影响。西方专业社会工作的理论与实践自然深深地影响着我国社会工作教育界的开拓者，因此，我国多数社会工作教育者将培养专业的社会工作人才视为己任，传授前述西方专业社会工作所具有的价值、知识与技能成为他们的重要使命和社会工作教育的重要内容，他们认为这种价值、知识与技能的传授不仅是我国社会工作教育的基础，也是我国社会工作实践的理论基础和前提。也正因如此，总的来说，改革开放以来，我国的社会工作在很大程度上是沿着学科专业的方向发展的，它以专业性提升为特征。[②]

三、我国社会工作的本土化

我国的社会工作教育更清醒地意识到西方社会工作理论在我国具体国情中可能面临的“水土不服”问题，西方“专业社会工作”理论要在我国开花结果，必须与我国具体国情相结合。为解决此问题，我国社会工作教育界提出“本土化社会工作”的概念和目标，在实践中实现该目标的过程则称为“社会工作本土化”。从该概念语词表述来看，“本土化社会工作”概念的内核是社会工作，本土化是限定语；从此概念的结构

① 王思斌.社会工作概论［M］.北京：高等教育出版社，2014：9.

② 王思斌.生态系统转换下我国社会工作的位势变化与新本土化发展［J］.东岳论丛，2024（1）：78-85.

来理解，此概念中的社会工作无疑是指西方理论与实践中的“专业社会工作”，本土化是对“专业社会工作”的限制。当对此概念进行动词理解时，蕴含着对“专业社会工作”进行本土化之意；当对此概念进行名词理解时，则意味着是专业社会工作本土化的结果或样态。不论是何种理解，其基本含义是在专业社会工作基础上的本土化，或者说本土化的参照系或对象是西方理论语境和实践中的专业社会工作。

社会工作本土化是后发展国家和地区对从西方（主要是美国）引进的社会工作的适应化改造与发挥作用的过程，[①]社会工作在我国的本土化就是产生于外部的社会工作模式进入我国（这是一套经济的、政治的、社会文化的制度体系）后，同其相互影响而适应中国社会需要并发挥功能的过程。[②]但在相当长的一个时期，本土化是一个比较模糊的概念，社会工作本土化在理论上面临三个层面的问题：一是社会工作是否需要且能够本土化；二是社会工作如何本土化；三是社会工作本土化的具体内容。对于第一个问题，我国社会工作学界基本达成共识，多认为社会工作本土化应该且能够本土化，同时认为社会工作本土化的前提是搞清楚我国社会工作的经验及知识体系。[③]但对社会工作本土化的具体内容、本土化路径都存在不同理解，有学者认为社会工作本土化的路径和机制存在主动本土化、被动本土化、互构本土化等多种形式，[④]存在“中体西用”和“移植变换”两种形式。[⑤]对于本土化的内容，有学者认为包括整个模式的本土化、价值观念和伦理的本土化、工作方法的本土化、评

① 王思斌．中国式现代化新进程与社会工作的新本土化［J］．社会工作，2023（1）：1-9.
② 王思斌．试论我国社会工作的本土化［J］．浙江学刊，2001（2）：56-61.
③ 王思斌．中国社会工作的经验与发展［J］．中国社会科学，1995（2）：97-106.
④ 王思斌．中国式现代化新进程与社会工作的新本土化［J］．社会工作，2023（1）：1-9.
⑤ 王思斌．中国社会工作的经验与发展［J］．中国社会科学，1995（2）：97-106.

估指标的本土化等不同内容。[①] 我国学界基于本土化的认知路径，对社会工作的概念、实质及特点等进行本土化的理解和认识，如有学者认为社会工作是以利他主义为指导，以科学的知识为基础，运用科学方法实施的助人服务活动。有学者认为专业社会工作通常指秉持利他主义价值观，以科学知识为基础，运用科学的专业方法，帮助有需要的困难群体，解决其生活困境问题，协助个人及其社会环境更好地相互适应的职业活动；[②] 也有学者更宏观概括为所谓专业社会工作，是指运用社会工作专业理论和方法提供的专业性服务。[③]

我国社会工作本土化历经了不同的发展阶段，有学者将自恢复重建以来的那些局部的、零散的、表层的专业理论和方法与中国实际相衔接的本土化认识和实践称为初步本土化。[④] 进入 21 世纪以来，世界经济社会发展进入新的阶段，中外社会工作理论与实践都发展到一个新的高度，我国国内社会治理和公共服务环境发生了新的变化。当前我国社会工作发展由弱生态系统向强生态系统转换，我国专业社会工作在初步本土化的基础上呈现新本土化的需求和特点，即在党的领导下，遵循社会工作价值观，在解决社会问题的制度安排和政策实施中，综合和灵活运用社会工作专业方法，结合本土经验，有效解决基本民生问题、加强创新社会治理、促进社会建设的过程。[⑤] 新本土化更加强调我国社会工作的本土实践，超越了以专业社会工作为底板进行本土化思维，突出加强

① 王思斌．中国式现代化新进程与社会工作的新本土化［J］．社会工作，2023（1）：1–9.

② 黄晨熹．组建中央社会工作部对我国社会工作的重要意义［J］．人民论坛，2023（12）：36–40.

③ 徐道稳．新形势下重新理解社会工作［J］．中国社会工作，2023（25）：24–25.

④ 王思斌．中国式现代化新进程与社会工作的新本土化［J］．社会工作，2023（1）：1–9.

⑤ 王思斌．生态系统转换下我国社会工作的位势变化与新本土化发展［J］．东岳论丛，2024（1）：78–85.

党的领导，专业社会工作与本土经验相互补充、相互促进的重要性。在新时代新的发展阶段，社会工作面对的问题进入综合民生领域，社会救助和增进民生福祉、助力共同富裕、参与乡村振兴、城镇化中的社会适应与社会融合、促进基层社会治理、参与基本公共服务等领域是今后一段时期社会工作的重要领域，社会工作者应积极回应和适应综合民生领域的社会工作服务需求，具备更加综合的解决实际问题的能力。[①] 在此新的情势下，有学者认为我国社会工作本土化的核心路径是融入，即专业社会工作全面融入党和国家的治国理政体系，融入中国特色社会主义制度结构。[②] 当然，不论是以专业社会工作为重要参照系的初步本土化，还是所谓超越了以专业社会工作为底板进行本土化思维的新本土化，都并非对专业性的抛弃或反叛，专业化与本土化始终是我国社会工作发展的基本方向，二者实则是一个问题的两个不可分离的方面，专业化是发展的方向，也是本土化的基础，没有专业社会工作就没有本土化；本土化是专业社会工作得以扎根社会并发挥作用的条件。[③] 甚至社会工作新本土化的综合性扩展式服务，并非要排斥来自外部的专业知识理论和专业方法，而是要根据我国现代化的新实践、新要求，更加自觉地选择和运用社会工作专业理论与方法，并结合我国本土社会服务实践经验，更有效地解决现实问题的过程，可以看作中国式现代化进程的“专业领域版”。[④]

---

① 王思斌. 中国式现代化新进程与社会工作的新本土化［J］. 社会工作，2023（1）：1–9.

② 陆士桢，王志伟. 中国社会工作本土化发展的双重机理及其实践路径［J］. 新视野，2020（1）：43–49.

③ 王思斌. 积极推进我国社会工作的高质量发展：兼论社会工作发展中的专业理性与稳妥理性［J］. 中国社会工作学刊（第四辑），2022（11）：9–10.

④ 王思斌. 中国式现代化新进程与社会工作的新本土化［J］. 社会工作，2023（1）：1–9.

纵观我国社会工作本土化历程，在路径方面，早期以西方专业社会工作为基础进行“中体西用”和“移植变换”式的本土化，到近年来更加强调中国国情、经验及本土化的中国自主性；在内容方面，从主要满足个体需求的个体服务逐步扩展到满足社会需求的公共性服务，总体上呈现不断扩展的趋势；从专业性角度来看，表面上专业性受到一定的质疑与冲击，但从应然目标定位上看，社会工作本土化并非对社会工作专业性的抛弃与反叛，而是要进一步发挥社会工作的专业优势，融入和适应中国社会工作的新格局。

第三节　我国政策语境及实践中的“大社会工作”

在国际上，社会工作是在现代化进程中和一定社会福利制度下，传送社会服务和促进社会秩序的专业活动，它的发展受其所在经济制度、政治制度和社会福利制度等方面的重要影响，受具体的公共政策和社会政策的影响，也受与其直接相关的社会组织、具体社会环境以及服务对象状况的影响。① 社会工作一方面是传送社会服务和促进社会秩序的专业活动，另一方面是一种制度安排。社会工作作为一种制度，具有执行社会功能、得到社会认可、分配社会资源、指导个人行为、规范社会角色和提供相应资源的功能，②而且是现代社区和文明社会不可或缺的重要

① 王思斌.生态系统转换下我国社会工作的位势变化与新本土化发展［J］. 东岳论丛，2024（1）：78-85.

② 顾东辉.社会工作概论［M］. 上海：复旦大学出版社，2023：37.

制度。我国在引入社会工作后，最早将其运用在传统民政领域，承担起该部门之前以行政职能开展的助人解困和社会救助活动，正因如此，有学者将我国社会工作分为“专业社会工作”和“行政社会工作”，且多将“行政社会工作”理解为传统民政工作，或者将其称为“民政社会工作”，认为“行政社会工作”是党和政府在社会领域组织与动员社会力量、解决社会问题、加强社会治理、促进社会建设的工作。[①]可见，社会工作不仅与各项政策制度密切相关，而且内在地具有制度属性与功能，是国家政策体系内容的重要组成部分，也是实现国家治理和社会发展目标的重要政策工具。特别是进入 21 世纪以来，伴随我国内地经济社会发展进入新阶段，社会工作发展水平逐步提高，党和国家逐渐认识到社会工作对社会发展和居民生活水平提高的重要性，在相关政策制度中将“社会工作”纳入并作为重要的政策工具，形成了具有中国特色、具体化的政策语境的话语表达。对政策语境中的“社会工作”进行梳理与认识，不仅是全面把握我国社会工作属性特点，推动我国社会工作实践的需要，也是更深层理解社会工作本质内核的需要。

一、社会工作范畴的政策引入与发展

2006 年，党的十六届六中全会通过的《中共中央关于构建社会主义和谐社会若干重大问题的决定》提出，“建设宏大的社会工作人才队伍是构建社会主义和谐社会的迫切需要”，第一次在中央官方政策中明确地提出“社会工作人才队伍”的概念，此处，该决定将社会工作定位为社会建设的重要抓手，而社会建设主要包括民生保障和社会治理两大板块，

① 黄晨熹.组建中央社会工作部对我国社会工作的重要意义［J］.人民论坛，2023（12）：36–40.

并且此处的社会建设总体上是和经济建设相提并论的，所以该决定提出建设宏大的社会工作人才队伍的重要功能旨在以专业化水平满足国家和社会对公共服务与社会治理的需要。尽管该决定提出了“加强专业培训，提高社会工作人员职业素质和专业水平。制定人才培养规划，加快高等院校社会工作人才培养体系建设，抓紧培养大批社会工作急需的各类专门人才。充实公共服务和社会管理部门，配备社会工作专门人员，完善社会工作岗位设置，通过多种渠道吸纳社会工作人才，提高专业化社会服务水平”的具体部署，认为社会需要的是专业化或专业性的社会工作服务，需要提高社会工作从业者的专业水平，对社会工作专业化提出一定的期望和要求，但从该决定将社会工作置于的位置来看，此处的专业性或专业化是相对于之前的服务和人员而言的，从总体上看，要从广义和“大社会工作”的角度对之进行理解。[①]据此来看，社会工作在我国中央政策中的第一次正式出现，就与公共服务和社会治理等内容直接相连。2011 年，中央组织部等 18 个部门和组织联合发布的《关于加强社会工作专业人才队伍建设的意见》认为，“社会工作专业人才是具有一定社会工作专业知识和技能，在社会福利、社会救助、慈善事业、社区建设、婚姻家庭、精神卫生、残障康复、教育辅导、就业援助、职工帮扶、犯罪预防、禁毒戒毒、矫治帮教、人口计生、纠纷调解、应急处置等领域直接提供社会服务的专门人员”，从上述概括归纳社会工作服务领域所覆盖的对象和内容来看，要大于传统的西方理论与实践中的专业社会工作。该意见同时提出“大力开展社会工作专业培训。建立健全社会工作专业培训制度。组织实施社会工作服务人才职业能力建设工程，重点对城乡

① 王思斌 . 发展好“大社会工作”[J]. 中国社会工作，2023（10）：6.

基层居（村）民自治组织、社区服务组织、公益服务类事业单位、公益慈善类社会组织、基层社会服务部门直接从事社会服务的人员进行大规模、系统化的社会工作专业知识培训，切实提高其职业素质和专业水平”。2012 年，中央组织部、民政部等 19 部门联合制定的《社会工作专业人才队伍建设中长期规划（2011—2020 年）》提出，要“像高度重视选拔培养经济建设人才那样，高度重视选拔培养社会工作专业人才”，上述文件的表述单方面强调了社会工作的专业知识和技能、专业培训，但其覆盖的领域和人员范围又明显大于西方专业社会工作的范围，因此有学者认为此政策文本中的“社会工作”是宽口径的，可以称为“大社会工作”或宽口径的行政社会工作。①

2015—2023 年，有 7 年的政府工作报告在“加强和创新社会治理”内容板块中都有社会工作的语词直接表达，2015 年表述为“支持群团组织依法参与社会治理，发展专业社会工作、志愿服务和慈善事业”，2016 年表述为“依法规范社会组织，支持专业社会工作、志愿服务和慈善事业发展”，2017 年表述为“改革完善社会组织管理制度，依法推进公益和慈善事业健康发展，促进专业社会工作、志愿服务发展”，2018 年表述为“促进社会组织、专业社会工作、志愿服务健康发展”，时隔两年，2021 年的政府工作报告中再次提及社会工作范畴，表述为“大力发展社会工作，支持社会组织、人道救助、志愿服务、公益慈善发展”，2022 年表述为“发展社会工作，支持社会组织、人道救助、志愿服务、公益慈善等健康发展”，2023 年表述为“支持社会组织、人道救助、社会工作、志愿服务、公益慈善等健康发展”。从语词表述来

① 王思斌．发展好“大社会工作”［J］．中国社会工作，2023（10）：6.

看，2015—2018 年用的词语是“专业社会工作”，2021—2023 年用的是“社会工作”，从“专业社会工作”到“社会工作”语词的变化，并非意味着政府对社会工作专业性要求的降低，其主要原因：一是“社会工作”外延在新时代有了明显拓展，不能局限于传统“狭义社会工作”或“专业社会工作”；二是在中国式现代化理论谱系与语境中，是对中国实践经验的自主性及自信心的一种体现，这种表述变化体现了我国社会工作与西方社会工作的差异，以及我国社会工作的自主性存在与发展的未来导向。值得注意的是，在 2024 年政府工作报告中，并没有直接的“社会工作”话语表达，但作为肩负协助有需要的人群解决个人、家庭、社区面临的问题，维护社会稳定，促进社会公平正义使命的“社会工作”实则镶嵌或融入“完善社会治理体系”板块的相关内容之中，在该板块中提出的强化城乡社区服务功能，人道救助、志愿服务、公益慈善，保障妇女、儿童、老年人、残疾人合法权益等均是社会工作的使命，均是社会工作重要的服务领域。从直接话语表达到镶嵌式表达或在解决问题领域中进行融入表达，一方面可能意味着更强调新时代社会工作“解决社会问题”的转向，另一方面意味着社会工作的外延进一步扩大。

二、社会工作部体制下的社会工作

2023 年，党和国家机构改革组建中央社会工作部，将人民信访、基层政权建设、非公领域党建等工作纳入其职责范围，统筹和指导社会领域的、以党建为基础的社会治理是其重要工作内容，旨在解决基层社会治理能力不足、人才不够、整合性差、功能散弱等问题，进而提高社会治理效能。[①]从社会工作部肩负的职责来看，新组建的中央社会工作部中的“社会工作”概念的基础是“行政社会工作”，而且其社会治理功能更趋凸显，[②]可视为中国共产党在社会领域开展的工作，凸显党在社会领域的引领作用的同时，鲜明强调基层社会治理的重要地位。[③]这一方面突出社会工作服务领域、对象的外延边界进一步扩大，另一方面意味着社会工作的国家或社会治理的功能更加凸显。很多学者将社会工作部中的社会工作视为或称为“大社会工作”范畴。[④]

综观我国政策语境及实践中使用的“社会工作”，一方面，其不仅与以西方为范本的“专业社会工作”有所不同，而且与我国社会工作教育界倡导和追求的“本土化社会工作”有部分相异；另一方面，在政策制度体系内，不同部门的政策制度文本或不同时段出台的政策制度文本中同为“社会工作”的语词表达，可能意欲表达的内涵与外延、目的与价值都存在一定的差异。其中既有官方话语系统与学界、民间话语系统的沟壑等原因，也是我国官方在实践中逐渐加深对社会工作认识而采取的以解决问题为导向务实改革的一种结果。但这种差异并没有消除各种社会工作表达称为“社会工作”的核心基础，彼此间依然有核心内核共识存在，官方话语系统中的社会工作依然没有否认社会工作的专业性，而是强调中国国情需要的专业性，是中国式的专业性；也没有否认社会工作本土化的现实和必要性，而是凸显了我国社会工作的自我主体性。

① 王思斌.在机构改革新格局下发展好民政领域社会工作［J］. 中国社会工作，2023（34）：6.

② 徐道稳 . 新形势下重新理解社会工作［J］. 中国社会工作，2023（25）：24-25.

③ 黄晨熹 . 组建中央社会工作部对我国社会工作的重要意义［J］. 人民论坛，2023（12）：36-40.

④ 王思斌. “大社会工作”框架下社会工作的多角度理解及专业性［J］. 中国社会工作，2023（19）：6.

上述内容梳理了当前我国使用社会工作语词的主要语境及其基本意蕴，当然，上述三种表达是最为主要也是最具代表性的表达形式，在理论和实践中还存在其他语境表达，但从根本上看，上述三种社会工作表达是当前各种社会工作话语表达的基础，有些相异性的表述是在上述三种表达基础上的拓展、延伸或缩小，以满足具体理论讨论与实践的需要。就此三种代表性、主体性的社会工作而言，每一种话语表达实则都是相对于另外一种“对应物”或“参照物”的区别性话语表达，如“专业社会工作”是与“非专业社会工作”相对而言的，“大社会工作”是与“小社会工作”相对而言的，“本土化社会工作”是相对“西方社会工作”而言的，它们彼此存在差异并互相证成自身存在的地位与意义。但由于使用语境的复杂性，加之使用者和研究者理解的主观性，不论是理论界还是实务部门，对专业社会工作、大社会工作、本土化社会工作的内涵与外延的把握，存在某种程度的共识，但更有相异的理解，这种相异性、多元化的理解不仅带来理论认识的混乱，而且影响社会工作实践的推进。当然，理论界与实务界对社会工作理解的分歧实则也是我国社会工作发展进程中实践探索的重要体现，每种不同的理解或多或少给我国社会工作事业打上了不同的烙印，在一定程度上也丰富了我国具体理论和实践场域中社会工作的内涵，推动着我国社会工作的理论完善和实践发展。但这种理解分歧无疑给我国社会工作理论与实践带来一定的困扰，如果不对其分歧进行正确、全面的解读，不找到各种分歧背后的一致性，必将带来我国社会工作理论的迷茫和实践混乱。行动者在理论上达成共识是多元主体集体行动形成合力的重要前提，特别是在社会工作部机构与制度的背景下，在寻找各种“社会工作”背后深层次的共性内核、打通彼此间通约性的基础上，建立社会工作话语表达的共识性内涵与外延，对推动当前我国社会工作理论与实践至关重要，不仅直接影响新组建的社会工作部机构职能定位及其功能的发挥，而且影响国家基层社会治理体系现代化和治理效能的发挥。因此，在全面梳理社会工作各种差异化表达和理解之后，有必要将各种语境下的社会工作置于相互参照体系中进行比较研究，从而挖掘差异化概念或表达背后深层次的共性内核，更进一步地认识社会工作的本质与属性，期待学界在此领域有新的研究探索。

第二章

我国社会工作范畴辨析及理解分歧

组建中央社会工作部是2023年《党和国家机构改革方案》的一项重要内容，组建中央社会工作部是党中央在新时代面临新的基层和社会治理难题与挑战的背景下，基于优化党和国家机构职能配置与提高治理效能的需要，为推进国家治理体系和治理能力现代化而进行的重大改革举措。社会工作部的组建给我国既有社会工作带来新的理论语境与实践空间，但由于中外具体国情及历史发展差异、现实客观实然与主体期望应然之间的距离，以及主体认识视角及主观性等多种因素，不论是理论界还是实务部门对社会工作都有多样化的理解，此种模糊甚至混乱的认识可能不仅会直接导致对社会工作本身内涵与外延的理解存在偏差，还会直接影响对社会工作部机构职能的定位与未来发展优化。

综观前述“社会工作”范畴的纷繁表达与理解，概括起来主要来自或呈现三种语境下的使用和理解：产生于西方理论语境及实践中的“专业社会工作”、经过中国社会工作教育界引入及实践中的“本土化社会工作”以及中国政策语境及实践中使用的“大社会工作”，每一种话语表达背后都有各自特指的内涵与外延，三种话语表达是我国社会工作范畴使用语境的主要形式，构成我国社会工作话语表达系统的基础。当然，在上述不同语境及场域中，除所言的代表性的“专业社会工作”“本土化社会工作”“大社会工作”之外，还有其他具体的话语表达，如在我国学界中，还存在“行政社会工作”“民政社会工作”等表达，中央社会工作部组建后，又有人提出“党的社会工作”“基层治理社会工作”等不同的表达。对西方理论语境及实践中的社会工作，除用“专业社会工作”进行话语表达外，也有“诊疗性社会工作”的表达。这些具体化的范畴话语表达，既具有一定共同或交叉内容，也具有一些相异的地方，但总体来看，这些相异性的表述实则是在上述三种表达基础上的拓展、延伸或缩小，多是因满足具体理论讨论与实践的需要而对范畴进行的限定。总体来看，“大社会工作”、“专业社会工作”与“本土化社会工作”构成了社会工作范畴的主体性话语表达。而且，前述已言，就此三种代表性、主体性的社会工作话语表达而言，每一种话语表达实则都是相对于“对应物”或“参照物”的区别性表达，“专业社会工作”是与“非专业社会工作”相对而言的，“大社会工作”是与“小社会工作”相对而言的，“本土化社会工作”是相对于“西方社会工作”而言的。为更好深入全面理解社会工作范畴，消除彼此间的混乱与模糊，有必要将各种语境下的社会工作范畴的话语表达置于相应参照体系中进行比较研究，从而更进一步加深对社会工作本质与属性的认识，有利于消除当前对社会工作认识模糊甚至混乱的局面，也是对新时代社会工作部机构职能进行合理定位、未来发展优化的基础。

第一节 “大社会工作”与“小社会工作”

将社会工作分为“大社会工作”与“小社会工作”是当前我国社会工作理论与实务界的一种主流分类与表达，此种分类的依据关键在于对社会工作的“大”与“小”的界定，此处的“大”与“小”主要有两层意蕴。

一、服务外延的“大”与“小”

此处的“大”与“小”表述的依据或区分标准是基于对社会工作外延范围的判断，从目前既有社会工作话语表达场景来看，此处社会工作外延的“大”或“小”主要包括三个层面：一是指社会工作服务对象（群体）范围的“大”或“小”；二是指社会工作所具体从事服务内容的“大”或“小”；三是指从事社会工作服务主体的范围“大”或“小”。当然，社会工作的服务对象、服务内容及服务主体三个层面的“大”与“小”彼此紧密相连，一般认为“小社会工作”的服务对象、服务内容和服务主体都要小于“大社会工作”，即人数相对较少的社会工作服务主体，主要针对相对小范围的特殊服务对象提供相对专业的服务，我们一般将其称为“小社会工作”；反之，我们则多理解为“大社会工作”。学界或实务界虽然接受了“大社会工作”与“小社会工作”这种区别性的常规表述，且一般认为“小社会工作”是“大社会工作”的一部分，但在不同的语境和实践中，对“大”的范围和“小”的边界有差异性理解，或者说对“大社会工作”与“小社会工作”的具体内容以及二者之间的边界有不同的理解与判断。例如，有学者认为党的社会工作是大社会工作，社会学通常讲的社会工作是小社会工作。大社会工作 = 政治工作（主要包括基层政权建设、民营企业党建、社会组织管理等内容）+ 群众工作（主要包括社会矛盾调处、人民建议征集、志愿动员服务等内容）+ 小社会工作（主要包括弱势群体帮扶、个体发展赋能等内容），但从提供社会工作服务的主体来看，大社会工作 = 政治工作 + 群众工作 + 专业社会工作。[①]在《中共中央关于构建社会主义和谐社会若干重大问题的决定》《关于加强社会工作专业人才队伍建设的意见》等官方政策文本中，社会工作覆盖的领域和人员范围明显大于西方“专业社会工作”的范围，均属于“大社会工作”的范围，在新组建的社会工作部中的“社会工作”也属于“大社会工作”范畴。[②]

那么，在实践中，“大社会工作”与“小社会工作”之间又是什么关系呢？有学者认为“大社会工作”与“小社会工作”是既相反又相成、既对立又统一的关系。“大社会工作”的基本循环是社会—个体—社会，即从增强社会活力和秩序的目标出发，通过着力发展个体能力、增加个体福祉，最后实现社会更好的秩序、更大的活力。“小社会工作”的基本循环是个体—社会—个体，即从发展个体能力、增加个体福祉的目标出发，通过改变周边社会生态和环境，最后更好地发展个体能力、增加个体福祉。二者的出发点和落脚点不同，但核心问题都是调整个体与社会的关系，使二者形成良性循环。“小社会工作”有助于“大社会工作”落实、落细、落专；“大社会工作”有助于“小社会工作”走正、走远、走宽。总的精神是共同做大做强“面向社会建设的社会工作”，社会工作的核心是为社会建设服务，通过社会工作把党中央擘画的社会建设蓝图落到社会基层、落到生活日常、落到群众身边，做到可及、有感、管用。[③]

---

① 冯仕政. 中央讲的“社会工作”到底是什么？[EB/OL]. [2023-12-29]. https://mp.weixin.qq.com/s/kffWRApR4svj02wD4GgrHg.

② 王思斌. “大社会工作”框架下社会工作的多角度理解及专业性 [J]. 中国社会工作，2023（19）：6.

③ 冯仕政. 中央讲的“社会工作”到底是什么？[EB/OL]. [2023-12-29]. https://mp.weixin.qq.com/s/kffWRApR4svj02wD4GgrHg.

二、专业性程度的高与低

理论界和实务界在用“大社会工作”与“小社会工作”来表征彼此主体、对象和内容相区别的同时，其背后实则潜藏着深层次专业性程度差异的意蕴。“小社会工作”更突出社会工作具有的所谓专业性，而“大社会工作”则显得专业性不那么强。社会工作引入中国后最早运用在传统的民政领域，也是运用最多的领域，所以有学者将其称为“民政社会工作”，同时由于该领域的社会工作蕴含或潜藏着一定程度的行政色彩，所以有学者将以传统民政对象和内容为领域的民政社会工作称为“行政性社会工作”，[①] 无疑，此处行政性社会工作实则是以宽口径来定位社会工作，属于“大社会工作”范畴。此后，在我国《中共中央关于构建社会主义和谐社会若干重大问题的决定》《社会工作专业人才队伍建设中长期规划（2011—2020 年）》等政策制度语境中的社会工作均是宽口径的，也都属于“大社会工作”之列。[②] 在大部分使用“大社会工作”的语境或场域中，从价值目标来看，呈现比较明显的国家治国理政的目的和意义；从其功能来看，分担着传统党或政府职能部门的某些工作任务，承载着解决社会领域问题、加强和创新社会治理、推进社会建设等功能；从其采用的方法来看，已不局限于西方专业社会工作的常用方法，而是突出了党中央团结凝聚群众的工作方法，这些都与以西方为范本的专业社会工作存在差异。所以，在很多语境下，“大社会工作”和“小社会工作”话语表达的差异背后实则意蕴着具有中国特色的行政社会工作和以西方范本为基础专业社会工作的不同，其不同背后实则体现着专业性

① 王思斌．中国社会工作的经验与发展［J］．中国社会科学，1995（2）：97-106.

② 王思斌．发展好“大社会工作”［J］．中国社会工作，2023（10）：6.

程度的差异。当前我国理论界与实务界所称的“小社会工作”在很大程度上与“专业社会工作”所表达的意义接近，“大社会工作”与“行政社会工作”彼此有更多交叉或契合之处。但有学者认为从我国《社会工作专业人才队伍建设中长期规划（2011—2020年）》等政策性话语表达及实践来看，专业社会工作涵盖了17个服务领域，实践中更是超过20个领域，覆盖民生保障和社会治理多个方面，“专业社会工作”与“大社会工作”在服务对象和服务内容上没有明显差异，只是在服务方法和服务效果上有所不同，[①]所以在该政策文本的语境中就出现“大社会工作”也是专业社会工作的逻辑问题，据此，似乎“大社会工作”与“非专业社会工作”、“小社会工作”与“专业社会工作”并非可以简单等同。也有学者认为在我国的具体国情下，一方面要将社会工作部中的“社会工作”作广义或“大社会工作”理解，另一方面“大社会工作”并非否认社会工作的专业性，社会工作部中的“社会工作”是党中央针对社会领域的工作，是组织和动员社会力量参与社会建设的工作。[②]

当然，将社会工作进行“大”与“小”的区别与标识，不仅在语言逻辑上带来“小社会工作”是社会工作的混乱，[③]也可能会带来是希望“做大”还是甘愿“做小”的矛盾。有学者试图以社会工作所具有的国家性或社会性进行区分，将社会工作分为“体制社会工作”（或“政治的社会工作”）与“社会的社会工作”，以摆脱上述将社会工作分为“大社会工作”和“小社会工作”带来的理论与实践困境，其认为“社会的社会工作”是专业社会工作的关切，“政治的社会工作”是体制性社会工作的

① 徐道稳 . 新形势下重新理解社会工作［J］. 中国社会工作，2023（25）：24-25.
② 王思斌 . 发展好“大社会工作”［J］. 中国社会工作，2023（10）：6.
③ 徐道稳 . 新形势下重新理解社会工作［J］. 中国社会工作，2023（25）：24-25.

所指，前者强调社会本位，后者则着眼于政治目标，所以有“社会的”和“政治的”之别。但两者又都立足社会需求、关心困难群体、服务日常生活，所以都叫“社会工作”。同时，二者紧密相连，“社会的”问题和“政治的”问题不仅内容上绝非分离，解决问题的“社会的”路径与“政治的”路径紧密相连，当问题在自主性的“社会的”领域无法解决的时候，“政治的”力量登场就成为自然。[①] 但实际上，体制社会工作（政治的社会工作）实则定位于“大社会工作”范畴，其内容多属于行政社会工作或政治的社会工作，只不过以传统民政工作内容为主体的“行政社会工作”侧重表达其与西方社会工作的差异，而体制社会工作是与体制外社会工作相对而言的，政治的社会工作是与社会的社会工作相对应的表达，在此多元化表达的背后实则蕴含着一定程度的共性，即行政社会工作、体制社会工作或政治的社会工作都蕴含或潜藏着相当的行政色彩或国家色彩，更强调国家或社会治理“公”的价值与目的；社会的社会工作突出强调社会工作力量或主体的社会性，此领域社会工作内容多属于社会领域以及具有“私”的属性，在我国具体制度语境下，该领域也多属于体制外的范围，因此，在我国很多语境或场域中，体制社会工作（或政治的社会工作）或行政社会工作实则意指同一对象，或意指对象范围与内容有相当程度的重合与交叉。可见此种话语表达似乎很难消除“大社会工作”与“小社会工作”话语表达背后潜藏的专业性程度差异。其实，社会工作“大”与“小”是一个高度语境化与场域化的表达，与我国社会工作发展现实阶段及国家社会的现实需求息息相关，其蕴含的区别“大”与“小”的外延边界并没有明确标准，也不是一成不变的。

---

① 马西恒.中央社会工作部组建后，如何理解两个“社会工作”[J]. 中国社会工作，2024（1）：10.

例如，在社会工作引入中国后的很长一段时间，社会多认为以民政领域为社会工作核心内容的民政社会工作属于“大社会工作”范畴，但社会工作部组建后，又赋予社会工作新的内容与使命，尽管民政领域依然是社会工作的主战场，[①]但很明显，与中央社会工作部中的社会工作相较而言，民政领域的社会工作又变得不那么大了。另外，随着社会工作队伍专业水平和能力的提高，在“大”“小”社会工作表达背后蕴藏的专业性差异逐渐减弱，即“大社会工作”领域的社会工作实践专业性程度日益增强。所以有学者认为，“大社会工作”论在中西比较的意义上是成立的，但是将专业社会工作归于社会工作的一个类别的观点则值得进一步讨论。[②]

第二节　专业社会工作与非专业社会工作

专业社会工作是当前理论界和实务界比较普遍的一种话语表达，但在使用该范畴的时候，学界或实务界对专业社会工作并没有严谨而明确的定义，一般认为，所谓专业社会工作，是指运用社会工作专业理论和方法提供的专业性服务。[③]有学者认为专业社会工作者与非专业社会工作者（或行政社会工作者）的区别有两种理解：一种是同非专业的作比较，专业的被认为受过专业教育和专门训练，有专业价值和专业技能，似乎比非专业的高级一些（实际上其中也包含着专业责任）；另一种则认为

① 王思斌.在机构改革新格局下发展好民政领域社会工作［J］. 中国社会工作，2023（34）：6.
② 徐道稳 . 新形势下重新理解社会工作［J］. 中国社会工作，2023（25）：24–25.
③ 徐道稳 . 新形势下重新理解社会工作［J］. 中国社会工作，2023（25）：24–25.

二者的差异就是专业与行政性，所拥有的背景不同，所欲解决的问题存在差异，但在地位和重要性上没有高低之分。[①]在实践中，在表述“专业社会工作”范畴的时候，往往并非与“非专业社会工作”直接对应，而是与“行政社会工作”“大社会工作”“志愿性社会工作”等范畴表达相对应。例如，有学者认为1949年以后的40多年来形成了由政府负责的、非专业化的行政性社会工作，[②]此“行政性社会工作”的表述无疑是相对“专业社会工作”而进行的区别性表达。又如，从世界社会工作发展历程来看，也经历了从志愿性社会工作到行业性社会工作及专业性社会工作的转变，[③]在此，是将专业性社会工作与志愿性社会工作和行业性社会工作进行区别对应性表达。当然，尽管没有将行政社会工作、大社会工作、志愿性社会工作视作“非专业社会工作”，但在客观上，在很多场域中又承认它们各自话语表达背后所蕴含的专业性差别，也正因如此，社会工作是否具有某种专业性或所具有专业性程度是彼此区分的重要依据。在此，为便于表达和分析，将与专业社会工作相对应的各类社会工作统称非专业社会工作，二者辨识标准或区别就在于是否具有专业性及其专业性程度，此“专业性”主要蕴含两个层面的意义。

一、职业化程度差异

社会工作专业性的一个重要体现就是社会工作的职业化。社会工作的职业化首先意味着社会工作是职业种类体系的一种专门职业，其次从事社会工作的人员是专职的，而非兼职的；且这两个方面紧密相连，在

① 王思斌．全面理解专业社会工作［J］．中国社会工作，2023（36）：6.
② 王思斌．中国社会工作的经验与发展［J］．中国社会科学，1995（2）：97–106.
③ 顾东辉．社会工作概论［M］．上海：复旦大学出版社，2023：71.

国家有关政策将社会工作确立为某类职业岗位后，才可能出现专职从事社会工作的专职人员。对于前者，将社会工作确定为职业门类中的一种职业，需要国家的职业制度体系进行保障。2004 年我国劳动和社会保障部在《关于印发第九批国家职业标准的通知》中正式新增社会工作职业工种，2006 年民政部、人事部联合颁发《社会工作者职业水平评价暂行规定》《助理社会工作师》《社会工作师职业水平实施办法》，2015 年修订的《中华人民共和国职业分类大典》将专业社会工作者明确列入“专业技术人员”大类，2018 年人社部和民政部共同颁发《高级社会工作师评价办法》，至此，我国建立了完整的社会工作职业资格制度和评价体系。同时，在 2009 年民政部印发的《关于促进民办社会工作机构发展的通知》，2012 年民政部、财政部印发的《关于政府购买社会工作服务的指导意见》，2019 年颁布实施的《社区矫正法》和 2020 年颁布实施的《未成年人保护法》，以及 2021 年民政部办公厅印发的《关于加快乡镇（街道）社工站建设的通知》等法律法规及政策文件中，对社会工作岗位开发和设置提出具体明确的要求，将社会工作者“人”与社会工作“岗位”逐渐结合起来，在制度上保障了社会工作职业化所需要的岗位条件，总体来看，我国社会工作职业化的制度体系已基本完成。对于后者，专业社会工作蕴含着社会工作从业者是专门从事社会工作活动之意，即从业者的专职化。在此意义上，新中国成立 40 多年来形成的非专业社会工作模式的实践中，社会工作并不是一种专门的职业，人们熟知的社会工作多指本职工作之外的福利性、公益性助人活动，从事社会工作的人员也基本以行政干部和准行政干部身份出现。[①]在此意义上，我国早期

① 王思斌．中国社会工作的经验与发展［J］．中国社会科学，1995（2）：97-106.

由民政等政府部门及工、青、妇等群众团体承担着实际大量的社会工作，具有很明显的兼职性、公益性特点，从社会工作从业者的专职化程度来看，具有比较明显的非专业性特点。但由于国情的特殊性，我国社会工作理论界和实务界人士一方面在主观上不愿意接受自己是非专业性的，另一方面在客观上以此标准判断中国社会工作是非专业性的也不符合客观实际，于是，在我国具体语境与实践中，多以社会工作的具体内容或某些特点来呈现其内涵，于是就有了“行政社会工作”“民政社会工作”等多种不同的中国化或本土化的表述。

二、知识、价值与技能的专业性程度差异

一般认为社会工作知识、价值与技能的专业性是专业社会工作的根基，而此处专业性包含三个方面的意蕴：一是这些理念、理论、方法及过程不仅是社会工作自身固有和必需的，而且像医生所具备的诊疗性知识和技能一样，具有科学性；二是这些知识、价值与技能具有一定程度的独有性或特有性，即为社会工作所独有或特有，这些独有性或特有性是社会工作与其他职业或工作相区别的重要依据；三是从事社会工作实践必须具备的专业知识和技能，往往需要经过专业教育和专门训练才能习得，即专业社会工作与社会工作专业及社会工作专业教育紧密相连，社会工作的专业性往往通过一个学科专业的内容得以体现。那么具体是哪些知识、价值与技能保证了社会工作的专业性？对于社会工作所必需的专业知识，约翰斯认为专业社会工作者应该拥有的知识包括人类行为、临床心理和统整性知识。前者包括发展理论、生态学、存在主义、社会功能等；中者涉及行为治疗、认知、沟通、危机干预、完型治疗等；后

者包含整合、区域发展、组织、社会行动、社会设计等。[①]莫尔（Moore）认为“全职职业，随叫随到，同行认同，特殊训练或教育，服务取向和责任自治”是一个专业的主要特征。[②]我国有学者认为当代社会工作专业化体现在知识、价值与技能三个方面并形成“金三角”，其社会工作专业必备的知识基础包括社会工作者关于自我、专业和干预的知识，社会工作者关于案主的知识，社会工作者关于案主问题或改变领域的知识，社会工作者关于社会和文化环境的知识四个方面，并且这些知识主要来自精神分析和心理学，社会学和社会人类学，个案工作、群体工作和社区组织，行政管理、统计学和社会研究，渐进教育等独立学科或研究领域。[③]而社会工作所具有的价值一方面受各个国家或区域社会整体价值观的影响，另一方面在长期的实践中形成自己特有的价值观，莫雷尔（Armando Morales）等认为这种特有的社会工作价值观主要包括个人在社会中首要地位的承诺；为满足社会公认需要的社会变迁承诺；对社会中所有人的经济、身体、精神福祉和社会正义的承诺；尊重和欣赏个体和群体的差别，个别化对待的承诺；发展案主的能力，帮助他们自助的承诺；向其他人传递知识和技能的承诺；把个人感情和需要与专业关系分离开来的承诺；尊重案主隐私和保密的承诺；不顾个人挫折，坚持不断改善案主状况的承诺；高标准的个人和专业行为承诺十个方面。[④]关于社会工作的专业技能，即社会工作所必需的专业方法，在第三节中

① 顾东辉．社会工作概论［M］．上海：复旦大学出版社，2023：36–37.

② Moore W E. The profession：roles and rules［M］. New York：Russell Sage Foundation，1970：5–6.

③ 夏学銮．社会工作的三维性质［J］．北京大学学报（哲学社会科学版），2000（1）：140–147.

④ Morales A，Sheafor B W，Scott M E. Social work：a profession of many faces［M］. 6th ed. Boston：Allyn and Bacon，1992：224–228.

“作为方法的社会工作”部分将对相关内容进行分析。

通过上述描述可知，中外理论界对社会工作的专业性及其所具有的专业而特有的知识、价值与技能都是抱着肯定而积极的态度，在我国国家政策制度文件中也接纳了社会工作是有专业性的，如《关于加强社会工作专业人才队伍建设的意见》提出社会工作专业人才指的是具有一定社会工作专业知识和技能，在社会福利等领域直接提供社会服务的专门人员，这里的“专业知识和技能”以及“专门人员”都强调社会工作的专业性。但由于社会工作是舶来品，西方专业社会工作所内含的知识、价值与技能自然深深地影响我国学者及实务部门对社会工作专业性的判断和认识，甚至以西方社会工作的知识、价值与技能为参照系在中国对西方社会工作进行本土化实践努力。但从引入的那一刻起，社会工作的实践与话语都深深地镶嵌在中国具体的制度与文化国情中，20 世纪 90 年代，我国有学者认为，在实践中呈现一种非专业社会工作模式，这种非专业社会工作主要体现为两点：一是社会工作并不是一种专门的职业，人们熟知的社会工作多指本职工作之外的福利性、公益性助人活动，从事社会工作的人员也基本以行政干部和准行政干部身份出现；二是从事社会工作实践的人多未受过社会工作所要求的系统的专门训练。[①] 所以，20 世纪末，当将民政社会工作或行政社会工作与专业社会工作相对应进行表述的时候，往往潜在地或潜意识地认为社会工作的专业性或专业性程度不够。

经过 21 世纪 20 余年发展，上述第一个问题得以根本改观，国家宏观制度提供了“专业的人干专门的事”的制度保障，相对完整的社会工

① 王思斌．中国社会工作的经验与发展［J］．中国社会科学，1995（2）：97-106.

作职业制度体系已经建立。上述第二个问题也伴随我国社会工作教育的快速发展得到很大改善，从事社会工作的实践人员接受专门的系统训练的也越来越多，社会工作知识、价值与技能越来越多地被社会知晓和社会工作从业者掌握，从业人员具备的专业知识和技能也有了很大提高。有学者根据"理论体系、经过专门训练、体现特殊权威、具有伦理守则、拥有自我组织和得到社会认可"等专业的六要素发展情况对社会工作的专业化程度进行判断，认为我国社会工作发展处于专业化中期。① 因此，在当前，当言及我国行政社会工作或民政社会工作并将其与专业社会工作进行相对应的话语表述时，其意欲表达的并非我国社会工作与西方社会工作在专业性上的差别，也不意味着我国社会工作专业性低于西方专业社会工作。而当前有时依然采取这种相对应的话语表述，一方面是受前期话语表述习惯的影响，另一方面意欲表达我国社会工作特殊的工作领域及社会工作的特殊性。当前，在我国特殊具体的语境和实践中，所言的行政社会工作或民政社会工作并非不具有专业性，也并非就是非专业社会工作，而是我国具体国情下的社会工作的一种特殊的具体形式，也是具有专业性的，只是这种专业性内容和程度与其他国家有所差异，这种差异属于社会工作行业内部专业水平的差异。②

当然，将社会工作进行专业社会工作与非专业社会工作的分类或对其进行相应表述，对提高社会工作专业化水平具有一定的推动意义，但同时可能带来社会工作者是非专业社会工作者的概念逻辑混乱，也容易带来专业社会工作者与非专业社会工作者之间的情绪对立。③ 在理论上消

① 顾东辉.专业迷思与多维应变：当代中国社会工作发展的十项任务［J］. 中国社会工作学刊（第四辑），2022（4）：30-31.

② 徐道稳 . 新形势下重新理解社会工作［J］. 中国社会工作，2023（25）：24-25.

③ 徐道稳 . 新形势下重新理解社会工作［J］. 中国社会工作，2023（25）：24-25.

除“专业社会工作”与“非专业社会工作”间的对立性分类与标签性理解，在实践中消除专业社会工作者与非专业社会工作者之间在知识、价值与技能水平上的话语表征寓意后，二者的区别实际上是职业上的分别，以及基于职业需要各自运用工作方法及解决问题对象的差异而已。[①]因此，在我国社会工作理论研究与实践中，或许应避免行政社会工作或民政社会工作与专业社会工作的表述，才有助于推动我国社会工作更好地发展，更好地实现中国式现代化建设。格林伍德认为任何职业都具有某种专业属性，所不同的只是一个程度问题，专业属性的静态过程描述应该转变成职业向专业化过程迈进的动态过程观察。[②]如果从职业视角来理解社会工作，或许在一定程度上能化解因社会工作是否具有专业性而带来地位高低或属性优劣之尴尬。

第三节　社会工作方法与社会工作职业

在当前理论与实践语境中，除将社会工作视为一种具体职业或一门学科专业外，在很多语境和场域中还表示“社会工作方法”之意蕴，即所言及的社会工作实则指开展相关社会工作实践活动中采取的技术与方法，该技术与方法是将社会工作实践活动与其他实践活动或行为相区别的重要标志。技术与方法是社会工作实践或实务的核心，只有当服务实践中应用了社会工作技术，这些方法才属于社会工作范畴。[③]社会工作

① 王思斌．“大社会工作”格局下社会工作专业性再认识［J］．中国社会工作，2023（25）：6.
② 夏学銮．社会工作的三维性质［J］．北京大学学报（哲学社会科学版），2000（1）：140–147.
③ 顾东辉．社会工作概论［M］．上海：复旦大学出版社，2023：28.

方法与社会工作职业紧密相连，社会工作方法是社会工作职业所特有的，也是社会工作职业化的重要体现。但由于所指对象本身的差异，二者有着明显区别，为更好地理解社会工作，特别是更好地理解中国式现代化背景下的社会工作，很有必要将作为方法的社会工作与作为职业的社会工作进行再理解。

一、作为方法的社会工作

当前，对社会工作进行宏观描述性定义是理解社会工作的一个基础性步骤，一般宏观描述性定义的内核框架是“从业者采取专业的方法针对需求群体或对象提供专业的服务”，在这个内核框架的内容要素中，“专业的方法”是重要组成要素。社会工作方法，即在社会工作实践或行动中从业者采取的方法或技能。那么，社会工作的专业方法包括哪些方面？莫雷尔和雪福认为，社会工作的实践方法包括传统的实践方法、整合的实践方法、一般的实践方法和特殊的实践方法四个方面，其中，传统的实践方法主要包括社会个案工作、社会群体工作、社区组织、社会行政和社会研究五种方法；整合的实践方法以传统的五种方法为基础，解决单靠某一种实践方法不能解决的各种复杂的案主所面临的实际问题；一般的实践方法包含两个基本成分，首先它提供给社会工作者一种用以观察实践情境的社会系统论，其次把情境看作社会工作者选择实践方法的决定因素；特殊的实践方法是在某一具体实践领域、服务对象、针对问题或采取干预模式的基础上，对一个狭窄实践领域所选择的独特知识和技术的应用。[①]西方社会工作方法理论及实践积累的方法经验，不

① 夏学銮.社会工作的三维性质［J］. 北京大学学报（哲学社会科学版），2000（1）：140-147.

断丰富和完善着社会工作方法体系，也影响着我国社会工作方法体系的形成。

那么，社会工作方法或技能包括哪些内容呢？有学者认为社会工作者具有的技能主要包括：①对个体案主的正式干预能力；②对特定案主持续的个案管理能力；③传授适应性的日常生活技巧的能力；④把案主与资源联结起来的能力；⑤资源评估和进取性的案主经纪人的能力；⑥服务计划的启动和调节能力；⑦评估保护服务需要的能力；⑧为案主安排特定服务的能力；⑨对群体正式干预的能力；⑩自我发展和信息传递能力；⑪质量保证的监控能力；⑫职员管理能力；⑬内部文件流通能力；⑭项目实施和单元管理能力；⑮管理组织变迁和外部关系的能力；⑯项目规划、设计和评价能力等。[①]概括起来，作为社会工作实践或行动的方法可分为宏观理念、工作手法、工作程序和专门技术四个层面。首先，在宏观理念上，有学者认为社会工作以动态人境共优为方法，实践过程兼顾协助受助主体改善和促进外在环境优化两个方面，并将“行动研究”融入其中，该方法理念与临床医生只改变个人或公共政策只改变场景有明显区别。[②]其次，根据社会工作手法的区别，典型的划分认为社会工作分为个案社会工作、小组社会工作、社群（社区）社会工作、社会工作行政管理、社会政策等方法。根据问题和对象的不同，对社会工作手法也有不同的划分。有学者根据接触服务对象（案主）程度将个案社会工作和小组社会工作视为直接服务，将社会工作行政管理、社会工

---

① Morales A，Sheafor B W，Scott M E. Social work：a profession of many faces［M］. 6th ed. Boston：Allyn and Bacon，1992：24.

② 顾东辉. 专业迷思与多维应变：当代中国社会工作发展的十项任务［J］. 中国社会工作学刊（第四辑），2022（4）：20.

作督导、社会工作咨询和社会工作研究视为间接服务。[①]在我国社会工作实践中，个案社会工作、小组社会工作和社群（社区）社会工作是三种常见的社会工作实务类型，也是社会工作实践的三种主要工作手法。除此之外，也有学者根据服务人群将社会工作分为儿童社会工作、青少年社会工作等。再次，在长期的社会工作实践和服务过程中，逐渐形成了具有一定规范性、程式化的日渐成熟的工作程序，从具体实务过程来看，程序上一般包括接案、预估、计划、介入、评估、结案和跟进七个具体环节。在此基础上，进一步将其概括为关系建立、需求测诊、方案制订、计划推行、评估总结。[②]当然，上述程序性步骤并非在所有社会工作实务案例中任何一个环节都不可或缺，有时可能出现直接跨越某些环节的情况。最后，社会工作的专门技术是运用在社会工作实践过程中具体的“体现专业权威”的关键要素，有学者认为社会工作所需的专门技能包括社会工作者在帮助、约会、观察、沟通、同情和评估等诸多方面的技能；案主在使用帮助和改变社会功能方面的技能；社会工作者在觉察环境和问题限制因素上的技能。[③]针对不同的人群、问题或场域往往采用不同的具体的专门技术，在不同的实践程序阶段可能采用不同的专门技术，这种专门技术往往蕴含着一定的科学性因素或自然科学意义上的“技术含量”，如采用个案社会工作手法协助某个未成年人戒除网瘾，在其过程中可能会运用到心理治疗的专门技术。特别是在当前大数据和人工智能技术快速发展的背景下，越来越多的专门技术或科学技术被运用到社会工

① 顾东辉．社会工作概论［M］．上海：复旦大学出版社，2023：27.

② 顾东辉．专业迷思与多维应变：当代中国社会工作发展的十项任务［J］．中国社会工作学刊（第四辑），2022（4）：28.

③ Morales A，Sheafor B W，Scott M E. Social work：a profession of many faces［M］. 6th ed. Boston：Allyn and Bacon，1992：24.

作服务实践当中，甚至可能会带来传统社会工作某些领域的颠覆性认知。

值得注意的是，社会工作实践中所采取的工作手法或专门技术并非为社会工作实践所独享，实则在其他领域的实务中也会运用到，如心理治疗技术是心理医生给病人治病采用的最基本的技术。在一定意义上，社会工作所采用的专门技术往往来自其他领域的专业技术，社会工作方法的优势和特点之一就是"人在情境中"多种方法的综合运用，从而实现人境共优，达到解决问题的目的。

二、作为职业的社会工作

在很多语境和场域中，社会工作实则被视为一种职业，即社会工作者作为"专业的人"干"专门的事"，"专业的人"要求从业者具有一套相对完整的、能够体现一定"专业能力和水平"的从业资格或符合一定的专业评价标准；"专门的事"要求从业者工作的专职化，即从业者以社会工作为业而非兼职。社会学家维纶斯基（H.Wilensky）认为，一个职业的专业化（profcssionalization）往往要经过五个阶段：一是某一职业工作的形成，即领薪的专职工作人员的出现；二是专业教育的发展，即从事该职业工作的人士设立学校与训练课程；三是专业组织的建立，即从事该职业的人士组织起来，建立协会或联合会，以组织的力量共同确立专业服务的目标与专业技能的认定，同时追求并维护本专业的利益；四是寻求政治—法律的保护支持，要求政府立法保障其职业的专属性，并以规定专业准入资格、获取专业证照来保障就业市场的独占性或垄断性；五是制定专业伦理守则，通过专业伦理规范剔除不合格的从业人员，实现专业的理想。[①]我国有学者认为社会工作专业人才指的是具有一定社会工作专业知识和技能，在社会福利等领域直接提供社会服务的专门人员，主要包括两类人员：一类是社会工作及相关专业的高校毕业生和社会工作专业教师；另一类是通过社会工作者职业水平考试，获得社会工作者职业资格证书的实务工作者。[②]而这两类人员实际与其所从事的职业紧密相连。前述已言，改革开放以来，特别是21世纪以来，随着我国社会工作事业的发展，我国社会工作职业化的制度体系已基本完成，社会工作职业资格及水平能力评价制度体系已经建立，社会工作岗位设置规范及要求也越来越完善，“人”的素质能力要求与“岗”的位置专门供给之间的逐步同步与适配，有效地推动着社会工作职业化发展。在我国，“专业的人”和“专门的事”这两个方面都有自身的特殊性，在“专业的人”方面，我国社会工作从业者具有的专业知识和能力水平虽然有较大的提升，其专业性明显增强，但我国社会工作从业者，即“人”的范围不论在官方制度语境还是在社会民间语境中，都不甚明晰。在《社会工作者继续教育办法》(民发〔2009〕123号）中认为“社会工作者是指通过全国社会工作者职业水平评价取得《中华人民共和国社会工作者职业水平证书》的人员”，[③]很明显，该定义中的社会工作者范围无法涵盖我国实践中大量的未取得社会工作职业水平证书但实际上从事社会工作的人员；同时，有些取得社会工作职业水平证书的人员并未真正从事社会工作，不能算作真正的社会工作者。在中央组织部等18部委发

① 商娜红.制度视野中的媒介伦理：职业主义与英美新闻自律［M］.济南：山东人民出版社，2006：25.

② 王思斌.全面理解专业社会工作［J］.中国社会工作，2023（36）：6.

③ 民政部关于印发社会工作者继续教育办法的通知［EB/OL］.［2009-09-11］. https://www.gov.cn/zwgk/2009-09/11/content_1415343.htm.

布的《关于加强社会工作专业人才队伍建设的意见》中，认为“社会工作专业人才是具有一定社会工作专业知识和技能，在社会福利、社会救助、慈善事业、社区建设、婚姻家庭、精神卫生、残障康复、教育辅导、就业援助、职工帮扶、犯罪预防、禁毒戒毒、矫治帮教、人口计生、纠纷调解、应急处置等领域直接提供社会服务的专门人员”，[①] 该定义中社会工作专业人才范围明显比较宽，甚至不具备相应社会工作专业知识和能力而在上述领域工作的人员也被纳入社会工作人才队伍之中，因而显得不那么专业，在很大意义上，也正因如此，当前我国社会工作实践中，才有“专业社会工作”与“非专业社会工作”（行政社会工作或民政社会工作）的区别性表述。这种定义无疑与所谓的社会工作职业化、专业化的本质要求不相适应，但在我国有比较深厚的实践语境。在“专门的事”方面，即社会工作者的主要服务或工作领域，在上述 18 部委发布的《关于加强社会工作专业人才队伍建设的意见》中列举了 16 个社会工作直接服务的领域。在《社会工作者职业水平评价暂行规定》（民发〔2006〕71 号）第二条载明“本规定适用于在社会福利、社会救助、社会慈善、残障康复、优抚安置、卫生服务、青少年服务、司法矫治等社会服务机构中，从事专门性社会服务工作的专业技术人员”，[②] 并列举了 8 个社会工作服务的主要领域。可见，“专门的事”的边界也不甚明晰，但总体来看，我国社会工作服务的领域属于宽口径的，也正是此缘由，在一些语境场域中存在着“大社会工作”与“小社会工作”的区别性、相对应性

① 《关于加强社会工作专业人才队伍建设的意见》发布［EB/OL］.［2011-11-08］. https://www.gov.cn/gzdt/2011-11/08/content_1988417.html.

② 关于印发《社会工作者职业水平评价暂行规定》和《助理社会工作师、社会工作师职业水平考试实施办法》的通知［EB/OL］.［2006-07-20］. http://www.mohrss.gov.cn/xxgk2020/fdzdgknr/zcfg/gfxwj/rcrs/201407/t20140717_136341.html

话语表达。

实则，社会工作方法与社会工作职业紧密相连，方法的专业性与专属性是社会工作成为一种职业的重要基础，也是社会工作职业特征的重要体现。掌握一定的社会工作方法是社会工作职业者的应有要求，但掌握和运用相应社会工作方法从事实践服务活动的人并非都属于严格意义上的社会工作职业者或社会工作者，特别是在我国社会福利、社会救助、社区治理等领域，实践中都存在非社会工作职业者运用社会工作方法提供有关服务和解决相关问题的现象，这就导致不同语境下社会工作者所指的对象范围不一致，如在言及社区治理主体的语境中，社区工作者与社区社会工作者的所指对象范围边界并非清晰的，一般认为社区社会工作者属于社区工作者，但所有社区工作者并不都是社区社会工作者。为更好地明确社会工作职业者范围，有学者认为认定社会工作者应当遵循职业原则、专业原则和一线服务原则，但又认为社会工作服务不一定总是全职的。[①]如何解决这种既是社会工作者又不是社会工作者的问题呢？从我国目前的实践需要来看，以职业为区分标准将不同领域运用社会工作方法从事相关活动的对象群体进行区分不失为一种务实性选择，不同领域的职业采用的社会工作方法有差异，但这种方法上的差异并不表征社会工作者所具有的专业性程度有高低。甚至有学者认为在社会服务机构主要运用社会工作专业方法从事社会服务的人员是专业社会工作者，而在社区及其他服务机构偶尔使用社会工作方法解决问题的是非专业社会工作者（有明确社会工作岗位者除外），但此处的“专业”与“非专业”，并非指专业性程度或水平高低的区分，也并非意味着二者存在高低

① 徐道稳．新形势下重新理解社会工作［J］．中国社会工作，2023（25）：24–25.

优劣之差异，二者的区别实际上是职业上的区别，以及基于职业需要各自运用工作方法及解决问题对象的差异，没有高低之分。专业社会工作是一种解决问题的专业方法，当然是社会工作职业者的基本工作方法。[①]可见，学界正在力图通过剖析社会工作职业与社会工作方法的关系来解释和化解当前我国社会工作理论及实践中所面临的逻辑和现实难题。

中国社会工作是文明发展阶段、社会体制机制、国家整体资源、利他传统文化、国人行动逻辑等因素的集体产品。[②]有学者认为“工作对象、服务提供者、目标和手段”四个要素是理解社会工作的基本向度，社会工作是福利部门和服务机构针对个人、团体（家庭或小组）、社区、组织、社会等与其他外在环境的不当互动而形成的弱势情况，利用专门的方法和技术，协助当事人改变或推动环境的改变，促进两者的适应性平衡。[③]上述社会工作的差异性话语表达及分歧性理解，其根源直接来自对社会工作要素属性与特征的理解，或者说正是由于对社会工作的“工作对象、服务提供者、目标和手段”其中某一个要素的不同理解，带来了话语表达差异及理解的分歧。另外，从社会工作实践来看，社会工作差异性话语表达和理解分歧实则是我国社会工作发展进程中实践探索的重要结果与体现，每种社会工作的话语表达或多或少都给我国社会工作事业打上了不同的烙印，在一定程度上也丰富了我国社会工作的理论和实践内涵，推动我国社会工作发展。这种差异性多元化的理解和话语表达，一方面意味着社会工作的内涵和外延并不是一成不变的，而是与时俱进的。当然，无论如何，社会正义、人权、集体责任和尊重多样性的

① 王思斌.全面理解专业社会工作［J］. 中国社会工作，2023（36）：6.

② 顾东辉.专业迷思与多维应变：当代中国社会工作发展的十项任务［M］. 中国社会工作学刊（第四辑），2022（4）：30.

③ 顾东辉.社会工作概论［M］. 上海：复旦大学出版社，2023：24.

原则不应改变，促进社会发展和团结的使命不应改变。另一方面意味着在社会工作服务的价值、内容或对象内部，实则存在一定张力。如何缓解这种张力、平衡彼此间的关系是决策者需要重视的，也是学界需要深入研究的议题。[①]同时，将社会工作范畴置于相应参照体系中进行比较研究，在深入理解彼此分歧的基础上，挖掘在其差异化表达与理解的背后所潜藏的深层次共性内核，寻找差异性背后彼此间的通约性，是消除当前对社会工作认识模糊甚至混乱的重要途径，更是对新时代社会工作部机构职能进行合理定位的基础，也期待学界进一步努力研究。

① 徐道稳 . 新形势下重新理解社会工作［J］. 中国社会工作，2023（25）：24–25.

第三章

社会工作价值共识与时代之新

前文笔者对社会工作范畴的内涵与外延进行了梳理，并对学界存在的分歧与争论进行了概括与归纳，可以发现，社会工作范畴的理解具有相当的复杂性和多层次性，人们对此的理解也具有多元性，这种多元性的理解，一方面与社会工作作为语词表达本身所蕴含意义的多层次和多元性有关，另一方面与社会工作赖以存在的时空场域和环境息息相关，对同一语词在不同的时空环境和语境中必然会产生不同的理解。然而，面对此现状，我们又该如何更加全面、准确地理解社会工作呢？对事物对象的理解的根本依据是事物本身所具有的要素，尽管作为对象的社会工作的要素是多层次且多元的，但在众多的、多元化、多层次要素中，我们可以通过剖析最为关键或主要的要素属性与特征，实现对范畴对象的理解与把握；我们可以将最为关键或主要的要素作为“规定性要素”，此要素规定着研究或解释范畴对象的基本属性与基本特征。根据学界既有的研究，人们普遍认为社会工作的价值、内容和方法对社会工作属性及特征有着根本性的规定性作用，因此，接下来的三章，笔者分别从社会工作的价值、社会工作的内容及社会工作方法三个层面对社会工作范畴对象进行研究。

第一节　社会工作价值共识

社会工作价值是社会工作范畴或对象的重要组成要素，也是社会工作特征的重要体现。一般认为社会工作是秉持利他主义价值观、以科学知识为基础、运用科学的专业方法，帮助有需要的困难群体，解决其生活困境问题，协助个人及其社会环境更好地相互适应的职业活动，其基本特征是向有需要的人特别是困难群体提供制度化、职业化、标准化、专业性的服务。社会工作价值在社会工作的理论与实践中均占据关键地位，决定和影响着社会工作理论发展与实践走向。价值是人们对善恶美丑的判断，穆丽尔（Muriel）认为，价值是个人或社会群体认为优先的行为之公式，意味着对生活的手段、目的和条件等方面的经常性偏爱，通常伴随强烈的感情。在其根本意义上，价值是一种主观性、情感性的偏好性选择或信仰，这种偏好性的选择即主体意欲追求的应然目的。中国特色社会主义进入新时代以来，社会工作实践处于新的社会生态与组织生态之中，其理论上坚守并在实践中秉持的社会工作价值在保持相当程度共识性和稳定性的基础上，促进了具有鲜明特色的新的发展，该新的社会工作价值必将引导今后相当长一段时期内我国社会工作的理论与实践发展。

一、社会工作价值的多元性与多层级

社会工作的价值共识是社会工作理论及实务部门共同认可并坚持的社会工作应该蕴含或追求的主观性情感偏好或信仰，是在社会工作长期

实践沉淀基础上进行理论升华的结果，一般具有一定程度的稳定性。然而，在不同国家和地区、在不同发展阶段，不同主体从不同层面对社会工作的价值有差别性的理解与判断。贝姆（Boehm）从人、社会和专业三个层面对社会工作的价值进行归纳，[①]莫雷尔等认为社会工作价值包含对人、社会的价值及工具价值三个层面十个方面的具体内容：个人在社会中首要地位的承诺；为满足社会公认需要的社会变迁承诺；对社会中所有人的经济、身体、精神福祉和社会正义的承诺；尊重和欣赏个体和群体的差别，个别化对待的承诺；发展案主的能力，帮助他们自助的承诺；向其他人传递知识和技能的承诺；把个人感情和需要与专业关系分离开来的承诺；尊重案主隐私和保密的承诺；不顾个人挫折，坚持不断改善案主状况的承诺；高标准的个人和专业行为承诺。[②]赫普沃斯（Hepworth）、鲁尼（Rooney）和拉森（Larsen）把社会工作的价值观概括为四个方面：促进人获得资源以解决问题并发展潜能、促进保护人的价值和尊严、尊重每个人的独特性、对处于任何状况中的人都应给予支持以提高其解决问题的能力和选择生活方式的机会。[③]有学者认为社会工作价值包括：个人价值与尊严；对人的尊重；重视个人改变的潜能；案主自我决定权；提供个人发挥潜能的机会；寻求满足人类共同的需要；寻求提供个人足够的资源与服务以满足其基本需要，赋予案主权利、平等的机会，没有歧视，尊重多元性；对社会改革与社会正义的承诺；保密与隐私权；愿意将专业知识与技巧提供给他人等。[④]有学者认为

① 陈树强．社会工作在西方的理解［J］．社会工作研究，1994（1）：14–17.

② Morales A，Sheafor B W，Scott M E. Social work：a profession of many faces［M］. 6th ed.Boston：Allyn and Bacon，1992：224–228.

③ 顾东辉．社会工作概论［M］．上海：复旦大学出版社，2023：51–52.

④ 顾东辉．社会工作概论［M］．上海：复旦大学出版社，2023：52.

社会工作的积极功能可以概括为助人、优境、强己，助人即协助服务对象纾解困境并助力其获得情感、行为、认知、意识、责任和能力方面的成长；优境即对政治、经济、社会和文化等外在场景都有促优效果；强己即对施助主体本人有提高其综合素质的增能效应。[①]上述理解从不同层面、不同角度丰富社会工作价值内容的同时，给我们带来以下启示：一是社会工作价值具有多层次和多元性，包括个人、社会、专业和工具等多个层面，社会工作价值的内容或其追求目标是多元而复杂的，而且是相互并存的，即社会工作有多个同时并存的价值。二是社会工作价值深受主体所在社会主流价值观影响，不同国家或地区的价值选择因此存在差异。西方社会工作价值建立在自由、平等、博爱和对人权利的承认基础上，而我国崇尚社会主义的集体主义，注重社会和集体利益，[②]或许正因如此，在很多场域或语境中，个人主义和人本主义成为西方社会工作价值的潜台词，而我国社会工作更强调公共价值或社会价值。

二、社会工作价值的共识

那么，在一个国家的具体国情下，在这些多层次、多元化且并存的社会工作价值背后，在最抽象层面所具有的最基本、最一般的价值，或它们彼此共有的价值共识性内核是什么？笔者认为社会工作实践或服务形式为我们探寻社会工作价值内核提供了一定的基础，在发达国家存在两种专业化模式：一种是以法律和医学为典型的个体案主直接与专业人员签订服务合同的私人模式。另一种是以教师和城市规划者为典型

① 顾东辉.专业迷思与多维应变：当代中国社会工作发展的十项任务［J］.中国社会工作学刊（第四辑），2022（4）：21-22.

② 王思斌.中国社会工作的经验与发展［J］.中国社会科学，1995（2）：97-106.

的专业人员在正式组织与公共部门主办下运作，并将服务定向在公共福利上的公共模式，[①]即私人模式旨在解决个人问题，公共模式旨在增进公共福利。莫雷尔等认为社会工作具有人和环境的双重焦点，既适用于专业化的私人模式，又适用于专业化的公共模式，但必须在个体案主和公共福利方面维持一种平衡的考虑。[②]当然，我国有学者认为两种专业化模式实则都是社会福利或服务的代理者和发送者，二者没有区别。[③]

如果从社会工作意欲实现的终极目标来看，社会工作价值可以分为微观、中观和宏观三个层面。在微观上，从对个体或个人的价值来看，社会工作主要纾解主体个体或个人的问题，且其纾解困难的过程有一定的特殊性，不仅纾解服务对象的困难，以助人自助的原则促进服务对象的个人发展，而且在服务过程中促进服务主体自身综合素质的提升，实现服务对象和服务主体双向“向好”，具有促进服务主体和服务对象双方个人发展或增能的价值。在中观上，社会工作与医生诊疗的重要区别就是注重通过服务对象周边环境和关系的改善，即通过中观社会环境的改变来解决个人问题，在此意义上也是在促进社会良性进步。所以，社会改进是社会工作者的共同使命，“社会改进的承诺，增强社会功能的愿望，行动取向，对人类多样性的欣赏和多方面的实践观点”这些基本特征是共同的。[④]在宏观上，社会工作具有主权国家属性。服务主权国家的国家目标是其重要价值，此国家目标不仅包括国家所应实现的国内目标，也

① 夏学銮.社会工作的三维性质［J］. 北京大学学报（哲学社会科学版），2000（1）：140–147.

② Morales A，Sheafor B W，Scott M E. Social work：a profession of many faces［M］. 6th ed.Boston：Allyn and Bacon，1992：40.

③ 夏学銮.社会工作的三维性质［J］. 北京大学学报（哲学社会科学版），2000（1）：140–147.

④ 夏学銮.社会工作的三维性质［J］. 北京大学学报（哲学社会科学版），2000（1）：140–147.

肩负着助推全人类发展的重任。

在国家的意义上，社会工作一方面是国家目标的重要内容，另一方面肩负实现国家目标的重任。因社会工作具有主权国家属性，所以不同主权国家的社会工作所蕴含的价值必然有所差异。社会工作不仅服务于一个主权国家的国家目标实现，也肩负着助推全人类发展的重任。在此意义上，社会工作价值一方面具有主权国家属性，不仅服务国家目标是其重要价值，也意味着不同主权国家的社会工作价值可能存在差别。在当前我国社会工作实践中，有学者认为应从有利于社会工作事业发展、有利于保障和改善民生、加强和创新社会治理、促进社会建设和社会进步的角度思考问题。[①]上述这些问题对个人发展和社会进步均具有重要意义，但从国家层面而言，无疑是国家目标的重要内容，社会工作也是在实现国家目标。另外，社会工作价值在世界范围内具有一定程度的共同性，即有全人类的共同价值追求，从根本上说是人类解放。概括起来，在多层次、多元化社会工作价值的背后，存在个人增能、社会进步、国家目标与人类解放等价值内核，此价值内核为各种社会工作话语表达及交流提供了基本的共识基础与交流空间。无论如何，社会正义、人权、集体责任和尊重多样性的原则不应改变，促进社会发展和团结的使命不应改变。[②]

我们将上述社会工作在宏观上整体追求的价值称为社会工作的价值共识，既然是价值共识，其就具有一般性，即这些价值是社会工作基于其本质属性所应该具有的价值，不论在社会工作实践发展的任何阶段、任何国家，都应秉持和发展上述社会工作价值，因此，社会工作价值共

① 王思斌 . 全面理解专业社会工作［J］. 中国社会工作，2023（31）：6.

② 徐道稳 . 新形势下重新理解社会工作［J］. 中国社会工作，2023（25）：24-25.

识也是社会工作本质特征的重要体现。

第二节　新时代我国社会工作价值之新

从社会工作服务对象或意欲实现的目标来看，社会工作价值主要包括对个人、社会、国家及人类四个层面的价值，该价值在不同的历史发展阶段、不同国家和地区均有所差异。我国社会工作实践在秉承和践行上述社会工作价值追求的同时，又有自身特色。特别是进入新时代以来，中国特色社会主义实践不断丰富社会工作的场域与背景，对社会工作理论与实践也提出新的时代命题，社会工作的价值自然也随之进一步发展和丰富，更加体现和渗透着中国元素与中国特色。在根本意义上，新时代我国社会工作价值的丰富和发展是“两个结合”这一中国特色社会主义实践规律和要求在社会工作实践领域的必然结果。当前，我国新时代社会工作的价值进一步丰富主要包括以下两个方面。

一、以人民为中心的价值超越

一般认为社会工作对个人的基本价值就是通过改善个人与社会环境的关系、赋能个人权利与能力、保护个人权利等多种途径与方式，以助人自助的方式使个人最终摆脱困境，在此过程中，实现服务对象的个人增能是社会工作的重要价值目标追求。特别是在西方国家和我国港澳地区的社会工作语境与实践中，由于受意识形态和社会文化氛围的影响，服务对象的个人增能被视为社会工作的基础性价值，甚至是首要价值，在社会工作实践中也被置于突出位置。在我国社会工作的实践中，对个人权利的保护和个人能力的赋能依然是社会工作的重要内容与价值追求，但此价值在我国，特别是在新时代中国特色社会主义理论和实践的诸多场域中，往往以一种深具中国政治特征和文化属性的中国式话语表达为“以人民为中心”，“以人民为中心”一方面涵盖了社会工作对个人增能价值的追求，另一方面获得了更为丰富的、深具中国特色和时代特色的内容。将以人民为中心作为中国现阶段社会工作实践的价值，相较个人权利保护和个人能力增能而言，其超越性具有两个方面的意义，一是以人民为中心的“人民”虽然是以具体的个人对象为基础，但其同时具有超越具体个人存在的抽象意义，这种抽象意义的存在不仅为社会工作在一定程度上体现或蕴含群体利益和社会公共利益之价值提供了意境与空间，而且为社会工作实现对个人、社会和国家乃至全人类价值的一致性提供了重要通道，所以“以人民为中心”这一中国式社会工作实践价值的表达，不仅蕴含着对个人权利保护和能力增能之价值，也蕴含着对群体利益和社会公共利益的尊重与保护之价值内涵，还蕴含着对个人、社会、国家以及世界价值一致性的表达，而不是彼此分离甚至对抗。二是将以人民为中心作为当前社会工作的实践价值，因为其蕴含着对群体和公共利益的尊重与保护之意，在一定程度上可以化解西方社会工作实践中可能出现的个人权利过度主张或个人自由无限诉求的价值混乱局面，在实践中也有利于消除社会工作带来的极端个人维权的悲剧。在一定意义上，在以人民为中心的社会工作价值话语中，个人增能与权利保护不仅是个人的民生福祉，而且是群体甚至社会整体民生福祉的体现。推动社会进步是社会工作的重要价值追求，该价值的实现虽以个人增能与个人福祉为基础，但并非由个人增能与福祉的简单相加而成，反而是个人增能与福祉的实现应该以有利于社会进步为前提，或者说社会工作实践应该从更宏大的社会视野、站在有利于社会进步的高度审视和推进个人增能以及个人福祉的实现。

二、国家治理的价值丰富

社会工作在赋能增能个人权利和能力、推动社会进步的同时，对于国家而言，不仅影响着国家具体的治理行为、决策选择及治理实践过程，而且影响着国家治理体制和体系的构成，这些都将直接影响一个国家治理目标的确定及其实现形式。社会工作源于社会慈善，始终以社会弱势群体生存环境与生态的改变，进而赋能增能弱势群体个人为使命，弱势群体个人及其环境的改变始终是社会工作重点关怀和关心的对象，为实现这一目标，在西方传统的自由主义理论与实践中，保护扩张个人自由与权利，进而形成对国家权力侵蚀或不当干预的对抗性力量，或以凝聚形成更大的社会力量促进国家对弱势群体利益和诉求的关注与积极回应是社会的共识。基于此种社会共识，社会工作与此种共识与需求具有一种天然的内在亲和力和目标一致性，成为弱势群体团结群体力量、争取个人权利的重要力量和途径。在传统自由主义理论与实践场域中，尽管在上述过程中社会工作力量与国家性力量有合作，但从整体上看，社会工作在形式上多扮演着国家或政府的制约性力量，甚至对抗性力量。而我国的国家制度，在长期的实践中形成了一套深具中国特色且行之有效的国家治理体系和治理制度，执政党、国家和社会三者关系从原先在点上集中的一体化结构转变为三角形结构，[①] 执政党对社会组织确立了规

① 林尚立.领导与执政：党、国家与社会关系转型的政治学分析［J］. 毛泽东邓小平理论研究，2001（6）：37-44.

范、控制、领导和引导、整合的行动框架。[①]进入新时代以来，在我国新的国家治理理论与治理实践中，特别是在基层治理领域，我国上述特殊的国家基层治理体制和体系为以中国共产党为主体的政党力量、以政府为主体的国家性力量以及以社会组织为主体的社会性力量彼此间的正向合作与互利共赢提供了重要的制度空间和实践场域。有学者认为，2023年根据《党和国家机构改革方案》组建中央社会工作部，进一步创生、构建着新的政党、政府、社会合作共生价值。社会工作部基于自治与党建共生的制度逻辑，通过基层党建来实现社会自主参与与国家控制社会的平衡。在组织学意义上，为社会工作部提供了组织社会的一种新路径，或者形塑了一种社会团结的新样态。社会团结增进机制有两种：以政治团结的方式提升社会团结和以社会善治的方式增进社会团结。组建社会工作部，有利于为良好的社会治理与社会团结提供新的支撑：党的集中统一领导是统筹协调多样社会力量的根本保证，政府职能统合是应对社会治理复杂性的关键要素，民间社会的动员与共同参与是社会治理的坚实基础。同时，社会工作部的组建，有利于构建和完善自觉的社会团结机制，即以社会善治推动社会团结。社会工作部旨在在国家与社会治理中拓宽自觉的社会团结与整合形式、路径和方式，从而在整体上形成党领导治理保障社会团结、政府主导治理促成社会团结、社会协同治理共建社会团结的总体格局。[②]总的来看，在新时代中国式现代化基层治理的实践进程中，一个突出特点是执政党力量的有效且艺术性的介入，为社会工作参与国家基层治理提供新的制度和体制空间。这一特点是我国政

① 林尚立.两种社会建构：中国共产党与非政府组织［J］. 中国非营利评论，2007（1）：1-14.

② 戴洁.形塑社会团结新样态：组建社会工作部与治理结构体系化探析［J］. 统一战线学研究，2023（3）：57-69.

党领导体制下基层治理领域的必然结果和体现，中国共产党以其政党组织（如党的支部）为因子，以党的组织网络为体系，借助各种形式的集体化运动，对中国社会进行组织化改造，从而使原先如散沙般分散的社会迅速变成一个高度组织化的社会。①党领导国家的体制就此确立，在结构上形成了党、国家和社会“三位一体”的格局。在此体制下，中国在政治社会经济建设上取得了空前的成效，也为日后的改革开放提供了稳定的政治制度构架。②当前，中央社会工作部的成立将社会工作与党的工作联系起来，提升了社会工作参与国家治理和基层社会治理的合法性，拓宽了社会工作的本土发展路径，优化了社会工作的整体发展环境。在国家治理价值目标的实现上，我国特有的执政党、政府和社会工作力量形成新的合作机制，形成一种新的基层社会治理格局。在此格局下，社会工作力量在基层治理领域是党和政府的合作力量，是共舞者而非分裂性或对抗性力量。也有学者认为此种格局有利于实现社会工作从服务到治理的转型，为探索治理型取向的社会工作行动提供了可能。③同时较好地化解了以个人增能和民生福祉为核心内容的民生保障追求与以社会秩序稳定和活力为核心内容的社会秩序目标二者间的价值张力。④新时代中国式现代化进程中的社会工作服务于国家治理目标的实现，是构建政党、政府、社会三者价值共生生态的重要力量。

总之，社会工作因其自身固有属性与特征，具有个人增能、社会进

① 林尚立.两种社会建构：中国共产党与非政府组织［J］. 中国非营利评论，2007（1）：1–14.

② 贺东航.新中国现代国家构建的经验、特征与核心动能［J］. 南京大学学报（哲学·人文科学·社会科学），2019（4）：5–15.

③ 徐选国.专业与政治的调适：中央社会工作部组建后的社会工作发展路向［J］. 中国社会工作，2024（4）：21–22.

④ 徐道稳.新形势下重新理解社会工作［J］. 中国社会工作，2023（25）：24–25.

步、国家目标与人类解放等一般价值内核与共识。但社会工作更是高度语境化与场域化的实践活动，在中国特色社会主义理论语境及当前中国式现代化建设实践场域中，我国社会工作在实践中丰富和发展着以人民为中心、国家基层治理等时代价值。

第四章

社会工作实践内容共识与时代之变

实践性是社会工作的突出特点，贯穿社会工作的全过程，一般将社会工作实践性过程与内容称为社会工作实务。不论是理论话语表达，还是在实践或政策话语中，很多场景下的社会工作表达实则指社会工作实务，即表达的是具体的社会工作实践内容之意。“社会工作实务”实则是个“美国特色”概念，英国主要使用“社会服务”的概念，在我国语境下，更多使用的是“社会工作实践”的话语表达。美国的《社会工作辞典》将社会工作实务定义为“运用社会工作知识和社会工作技巧，履行社会的委托，采取与社会工作价值观相一致的方式提供社会服务”。社会工作实务包括预防、修补和恢复（对那些社会功能受到损害者予以康复诊疗）三类功能。据此，社会工作实务所指的主要内容是社会工作提供服务的主要类型与内容，即社会工作实务主要指社会工作提供了哪些服务。社会工作实务或社会工作服务内容是社会工作范畴的主体内容，也是观测社会工作属性、理解社会工作范畴的重要因素或观测点。在不同国家和地区，在同一国家的不同发展阶段，以及在整个社会工作发展历程的不同阶段，社会工作实务的具体内容尽管有相当的共识性或一致性，但不论在英美等国还是在我国，社会工作实务内容在不同历史发展阶段都存在一定程度的差异。我们对不同地区不同发展阶段的社会工作实务内容进行梳理，无疑是进一步理解社会工作实务或实践内容的重要路径。

第一节　欧美社会工作实务内容

社会工作最早产生于欧美社会，社会工作在欧美社会的实践历程比较久，其发展历程及其实践特点也具有相当的代表性。对欧美社会工作实务内容进行回溯性梳理，不仅有利于全面理解欧美社会工作实务内容体系，也有助于从纵向历史角度把握社会工作实务内容发展的历史脉络与规律，进而对当今世界社会工作实务内容有更深的认识，同时对我国社会工作实务内容有比较性理解。

一、欧美社会工作实务内容发展历程

有学者认为社会工作实务可以分为微观实务、中观实务和宏观实务三类，清晰反映社会工作实务的性质、目标、范围和功能。[①]有学者认为社会工作实务体系主要由看得见的服务活动和看不见的专业伦理、价值观组成，在欧美世界，社会工作实务涵盖社会预防、社会治疗和社会康复三大领域，承担着包括预防、修补和恢复（对那些社会功能受到损害者予以康复诊疗）在内的三类功能。[②]纵观欧美国家社会工作实务的发展历程，历经了19世纪以前的非专业志愿服务和慈善公益服务阶段、20世纪10—20年代社会工作实务专业化起步和半专业化发展阶段、20世纪30—40年代社会工作实务迅猛发展和基本确立专业地位的发展阶

① Barker R L. The social work dictionary［M］. 5th ed. Washington，DC：NASW Press，2003，41-43.

② 刘继同．英美社会工作实务范围内容演变与现代社工实务概念框架建构［J］．社会工作，2013（3）：3-15，150-151.

段、20 世纪 50—60 年代社会工作实务体系框架基本形成和社工专业发展“黄金时代”阶段、20 世纪 70—90 年代社会工作实务体系改革、发展、创新和社会工作专业日趋成熟的发展阶段以及 21 世纪以来社会工作实务体系结构转型、社会工作专业成熟程度提高和国际化发展阶段。[①]笔者对不同阶段社会工作实务发展情况进行了相对详尽的梳理，见表 4-1。

表 4-1 欧美社会工作实务内容发展阶段[②]

时间	发展阶段	社会背景	面临的问题	社会主流思想	服务对象	社会工作实务内容
19 世纪以前	非专业志愿服务和慈善公益服务阶段	工业化、城市化、市场化；民族主权国家形成	社会秩序问题：流浪乞讨、失业、疾病、贫困、犯罪和治安等	古典自由主义，国家角色是“守夜人和最后出场者”	弱势群体：儿童、妇女、穷人、病人和精神病患者、失业者、智障人士等	①英国式贫困救济服务；②各种儿童保护服务；③慈善组织会组织协调；④多种多样的宗教慈善服务；⑤志愿服务和社会公益服务；⑥社区睦邻运动与社区服务；⑦宏观视角的社会改良与社会倡导
20 世纪 10—20 年代	专业化起步和半专业化发展阶段	工业化与城市化基本完成，社会现代化序幕拉开	城市问题：酗酒和吸毒问题、性行为和色情服务、犯罪和暴力、社会与性别不平等、贫困、家庭问题、就业与失业、疾病与医疗服务、文盲与教育问题等	激进主义、社会主义和改良主义流行	传统的贫困人群；儿童少年、妇女、家庭和病人等	①传统贫困救助服务；②多样的慈善公益服务；③儿童福利服务；④家庭服务；⑤职业社会工作；⑥医院与精神治疗社会工作服务；⑦社工专业教育和职业培训服务

① 刘继同 . 英美社会工作实务范围内容演变与现代社工实务概念框架建构［J］. 社会工作，2013（3）：3-15，150-151.

② 刘继同 . 英美社会工作实务范围内容演变与现代社工实务概念框架建构［J］. 社会工作，2013（3）：3-15，150-151.

续表

时间	发展阶段	社会背景	面临问题	社会主流思想	服务对象	社会工作实务内容
20世纪30—40年代	迅猛发展和基本确立专业地位的发展阶段	全球经济大危机；第二次世界大战	恢复正常经济发展秩序，确保全体国民最低生活保障；战胜纳粹法西斯集团，重建国际政治秩序	凯恩斯主义	覆盖所有人和所有家庭，具有全民性；结构性失业人群、参战服役士兵和退役伤残军人	①传统的贫困救济；②临时救济和收入维持计划；③失业救济与失业保险体系；④公共工程和以工代赈；⑤就业支持和援助服务；⑥儿童福利服务和学校社会工作服务；⑦防止自杀、自杀的善后服务、各类幸存者和遗属津贴体系；⑧老年人服务；⑨盲人援助服务；⑩残障服务；⑪医务与精神健康服务；⑫家庭服务与家庭危机干预；⑬军队与退伍军人服务；⑭社会保障立法和行政管理等公共型社会服务
20世纪50—60年代	实务体系框架基本形成和社工专业发展“黄金时代”阶段	福利国家实践盛行；欧美社会共识形成和生活质量运动；战后重建；“重新发现贫困”	贫困问题：尤其是相对贫困、就业贫困、剥夺和劣势周期	福利国家理念；民权运动与平等权利运动、环境保护运动、反越战运动、反对种族歧视运动、女权主义运动等	首次覆盖劳动市场的就业者和具有劳动能力的人群	①权益保护和倡导性服务发达；②新增职业培训和就业支援服务；③新增司法社会工作服务；④新增社会工作各类研究活动

续表

时间	发展阶段	社会背景	面临问题	社会主流思想	服务对象	社会工作实务内容
20世纪70—90年代	实务体系改革、发展、创新和社会工作专业日趋成熟的发展阶段	东西方“冷战”结束；中国实施改革开放政策；以撒切尔和里根为代表新右派上台，福利国家改革实践	国家与市场、社会政策与经济政策、经济发展与社会发展关系失调	反福利的保守主义；恢复重构政府功能角色和“找回国家”	服务对象新增国际移民、少数裔种族和少数民族、贫困妇女、艾滋病患者和感染者、同性恋和性工作者、高中和大学生群体等	①欧美跨文化、跨民族、跨宗教、国际性和文化一种族敏感的社会工作服务项目显著增多；②就业援助和就业支持类服务；③健康与精神健康社会工作服务；④“宏观社会工作实务”重新流行，中观层次社会工作实务形成；⑤非营利组织作为社会工作服务提供者采取政府购买服务方式提供服务；⑥社会工作服务干预结果和效果的评估研究
21世纪以来	实务体系结构转型、社会工作专业成熟程度提高和国际化发展阶段	全球化加速，“地球村”加剧；联合国千年发展目标；SARS疫情、气候变化和清洁能源、国际金融危机、欧债危机等	经济发展与社会福利关系、文化冲突和社会治理等	国家主义回潮；强政府干预主义	除传统服务对象外，服务对象全民性和民族性并存	①国际性、地区性、跨境性、跨民族、跨文化和国际应急救援等社会工作服务增多；②精神健康、灵性社会工作发展迅猛；③社会工作服务聚焦能力建设；④社会工作服务范围内容的预防性、发展性功能，整合性、系统性和综合件特点日益突出

二、欧美社会工作实务内容发展特点

由前述发展历程可见，欧美国家在不同的发展阶段，社会工作实务的具体内容也在不断发生变化，19 世纪以前主要是非专业、非社工的志愿与慈善公益服务；20 世纪 10—20 年代开始向专业化迈进，特别是儿童和医疗服务领域；20 世纪 30—40 年代公共型社会服务成为社会工作实务的重要内容，社会工作专业地位基本确立；20 世纪 50—60 年代反贫困、反战争成为社会工作服务的重要内容，社会工作实务体系框架基本形成，社工专业化发展进入“黄金时代”阶段；20 世纪 70—90 年代健康与精神健康服务是社会工作实务的重要内容，社会工作专业发展日渐成熟；21 世纪以来社会工作实务体系结构转型，内容进一步多元，社会工作专业成熟程度明显提高。从欧美社会工作实务内容的“历史主题”来看，主要包括直接服务、协调与沟通、教学与教育服务、咨询性服务、倡导性服务、研究性活动、社会工作干预评估研究和行政管理八大类，直接服务是历史最长、范围最广、内容最多、服务对象最多样、服务结构最复杂的亚体系；倡导性服务泛指规划、权利和政策倡导、意识提升、预防性服务和直接干预前的所有活动。欧美社会工作服务范围内容、社会工作专业发展和社会工作体系历史演变过程反映了英美社会工作实务概念、实务观、实务模式、实务体系和社会工作专业发展规律，比较清晰地呈现了现代社会服务体系结构性变迁规律是从简单到复杂，从低层次到高层次，从类型少到多类型服务。例如，由慈善公益服务、救助服务，经过公共服务，发展到注重个性化与专业性的社会服务。总体上呈现现代社会工作概念内涵外延丰富、社会服务体系框架范围内容广泛和结构功能多样的局面。[①] 而且，上述欧美国家社会工作实务内容的变化以及实务体系的转型与创新，是在不同的时代发展阶段，面临不同的经济社会发展问题以及处在不同的社会文化和政治思潮的环境中，是环境、社会、文化、历史及传统多种因素综合作用的结果。也意味人们对社会工作专业和社会工作实务理解是不断深化的，具有鲜明的历史和时代特征。[②]

第二节　我国港台地区社会工作实务内容

由于特殊的历史原因，我国港台地区社会工作实务内容深受欧美社会工作理论与实践的影响，与内地社会工作实务内容有明显的不同。欧美西方社会工作引入港台地区后，与当地的政治经济社会制度及文化环境不断磨合与融入，也与当时港台地区政治经济社会发展的现实需要相适应，最终形成了独特的社会工作实务内容。

一、我国台湾地区社会工作实务内容及特点

台湾社会工作的源头可以追溯到日本殖民政府时期的“社会事业”和国民党在大陆时期的社会工作。1945 年以后，国民党当局在台湾推行“三民主义”的社会工作，主要内容是民众组训和社会救济。民众组训，即对民众进行组织和训练，目的是加强对民众的管理，社会工作是

① 刘继同. 英美社会工作实务范围内容演变与现代社工实务概念框架建构［J］. 社会工作，2013（3）：3-15，150-151.

② 刘继同. 英美社会工作实务范围内容演变与现代社工实务概念框架建构［J］. 社会工作，2013（3）：3-15，150-151.

铲除殖民地遗毒、宣扬“三民主义”的工具；[①]社会救济，则包括贫困、失业、灾荒等人员的救济工作。1949年以后，国民党当局基于“反攻复国”需要，将台湾的社会工作变为服务于“反攻复国”政治目标的“革命工作”，被纳入党政体系的严密掌控之中。认为“凡是本着党的社会政策而推动的工作，即是社会工作”。[②]其内容主要包括农民工作、劳工工作、教育工作、社会调查、都市发展、社会风气等，但其工作重点在于建立社会组织，加强对民众的管理训练，宣传“三民主义”，加强舆论控制等。其目标在于协助国民党当局控制、改造社会，扩大和稳固统治基础，社会工作的实质就是社会控制工作。[③]有学者将此阶段台湾的社会工作称为“党政化社会工作”，[④]在此阶段，社会工作是党政工作的延续，就社会工作的内容而言，国民党当局所认识的社会工作就是行政工作，即以中国传统的德政观为基础，以巩固政权、安定社会为目的的社会政策和社会福利服务，通过官僚化的组织，如“社会司”“社会处”“社会局”来贯彻执行社会服务。[⑤]尽管其在工作内容上也体现出某些社会救助、社会福利的特征，但主要服务于巩固政权、安定社会的目标。20世纪60年代之后，国民党当局出台以社会工作员促进民生领域建设，1971年有关社会工作员的相关政策正式落地，社会工作员主要负责办理平价住宅公共卫生、设备维护、急难救助、低收入户脱贫等工作。到1980

① 王卓圣.台湾与香港社会工作专业发展的比较分析［J］. 台大社会学刊（台湾），2004（9）：137-182.

② 梁永章.中央社会工作会议的意义与成就［J］. 中国劳工，1971（5）：18-27.

③ 郑广怀，向羽.社会工作回归“社会”的可能性：台湾地区社会工作发展脉络及启示［J］. 社会工作，2016（5）：30-42.

④ 林万亿.台湾社会工作之历史发展［M］// 吕宝静.社会工作与台湾社会. 台北：巨流图书公司，2002：1-42.

⑤ 郑怡世.台湾战后社会工作发展的历史分析：1949—1982年［D］. 广州：暨南国际大学，2006：254.

年，共有17个县市设置了社会工作员，社会工作员的工作内容主要为儿童、青少年及老年福利服务，低收入户脱贫辅导，平价住宅区社区工作等。[①]总的来看，20世纪80年代以来，台湾社会工作逐步从党政主导下的政治工作转向具有社会性的专业社会工作。台湾社会工作呈现社会导向的发展趋势，服务领域从之前主要集中在老人、身心障碍者及儿童三个领域到20世纪90年代后服务涵盖范围、领域扩大，服务人群扩展到老年农民、原住民、特殊境遇妇女、性侵害者、外籍新娘、外籍劳工等群体；服务内容从最初的贫困救济扩展至社会福利、社区发展、志愿服务，甚至社会保险。台湾地区的社会工作实践在党政主导阶段和社会导向阶段，其服务目的、服务人群、服务内容等方面有明显差异。[②]

二、我国香港地区社会工作实务内容及特点

香港社会工作发展深受西方欧美社会工作影响，1945年以前，教会等社会组织主要为孤儿、贫病之人、妓女、残疾人等社会弱势群体提供救助；1920年，香港基督教女青年会专门为家境富裕的青少年提供服务。第二次世界大战以后，港英政府为解决青少年问题，稳定社会秩序，积极推动针对青少年的照顾、戒毒等社会工作服务。1946年，香港难民及福利会成立，主要负责难民的社会福利服务。1947年，香港社会局成立，负责贫困救灾事务。这一时期，香港社会工作主要是以慈善救

---

① 林万亿.台湾社会工作之历史发展［M］// 吕宝静.社会工作与台湾社会.台北：巨流图书公司，2002：1-42.

② 郑广怀，向羽.社会工作回归“社会”的可能性：台湾地区社会工作发展脉络及启示［J］.社会工作，2016（5）：30-42.

济及救弱扶贫为主，没有成为社会福利事业，更没有各种补救性的援助措施，没有成为改善社会生活、预防社会问题的专门技术和专业管理方法。[①]1958 年，港英政府又将 1947 年成立的香港社会局改为香港社会福利署，除继续负责救灾和济贫工作以外，同时承担保护妇女、儿童，调解家庭和邻里纠纷，为残疾人提供社会救助等工作。社会工作的范围逐渐扩展到家庭、社区，以及救助残疾人等多方面。20 世纪 70 年代，由于港英政府推动的社区建设与社会工作价值取向高度吻合，青少年服务、学校社会工作、社区社会工作、老年服务等服务内容全面发展起来，老年社会工作、康复社会工作和青少年社会工作相继出现。到 20 世纪 80年代，香港社会工作日益以服务为本位，服务领域扩展至普通民众，[②]香港社会工作的服务宗旨更为凸显，并且由社会救济逐步转向社会福利服务。此后，虽然受香港经济发展的影响，面临一定的挑战，但从服务内容来看，社会福利服务依然是香港社会工作的重要内容。

第三节　我国社会工作实务内容

众所周知，中国经历了漫长的封建制度文化过程，伴随坚船利炮的西方制度和文化的西学东渐，以一种被动的特殊方式开启了现代化的历程，在此西学东渐的过程中，社会工作的传入相对较晚，一方面与当时西方社会工作制度与实践本身发展并不成熟和并不先进有关；另一方面

① 王菲，王福山. 香港社会工作发展的阶段特征研究［J］. 西北工业大学学报（社会科学版），2014（2）：75-77，91.

② 倪勇 . 香港社会工作的发展路径及启示［J］. 求索，2013（12）：245-247.

与当时中国传统自然经济条件下居民生活和生产方式，特别是抵抗社会风险，实施个体社会救助的途径与方式有关，或者说在以自给自足为主要特征的自然经济状态下，社会工作的应用与发挥作用的空间和场景并不大。当然，有学者认为 20 世纪 30 年代的华北平民教育运动和乡村建设运动具有农村社会工作的影子，而且被移往国外并得到国际认可。一般认为欧美社会工作传入中国是在中华人民共和国成立之后，特别是在改革开放之后。

一、我国社会工作实务内容发展历程

1987 年由民政部主导召开的马甸会议是我国社会工作恢复重建的重要标志，此时重建主要是基于服务经济恢复和社会秩序稳定的需要，认为“社会工作有利于社会的稳定”。[①] 由于当时民政部门在社会秩序稳定上发挥着重要作用，所以我国的社会工作从恢复重建开始，就与民政工作紧密相连，雷洁琼认为“民政工作就是中国特色的社会工作”[②]。有学者认为在党的十六届六中全会之前，我国的社会工作多以传统民政系统工作为主的行政性社会工作为主导，体现为一种行政性、半专业化的复杂社会工作形态。[③]党的十六届六中全会提出建设“社会主义和谐社会”，并提出“造就一支结构合理、素质优良的社会工作人才队伍，是构建社会主义和谐社会的迫切需要”，于是社会工作在一定程度上成为建设社会主义和谐社会机器中的一个齿轮，被动地整合到社会主义和谐社会建设

① 雷洁琼.社会工作有利于社会的稳定［C］// 1999 年社会工作教育专刊——中国社会工作教育协会第二届年会暨“面向 21 世纪的中国社会工作教育”学术研讨会论文集．北京：中国社会工作教育协会，1999.

② 雷洁琼．雷洁琼文集［M］．北京：开明出版社，1994：11.

③ 王思斌．中国社会工作的经验与发展［J］．中国社会科学，1995（2）：97-106.

体系中，基于社会主义和谐社会的需求，此后，社会工作在积极回应社会弱势群体需求的同时，积极协同政府等其他主体，参与社会治理行动，维护社会稳定和促进社会和谐。党的十八大之后，党和国家积极推动“三社联动”等实践探索，社会工作积极参与到国家和社会治理行动中，与推动国家治理体系和治理能力现代化总的深化改革目标相呼应。王思斌老师认为中国专业社会工作恢复重建以来，历经嵌入性发展阶段、协同性发展阶段，正在走向融合性发展（其中包含平衡的融合性发展和不平衡的融合性发展两种情况）阶段。[①]徐选国等曾对改革开放以来我国社会工作的功能变迁及其结构转换进行归纳，认为改革开放以来我国社会工作发展总体上呈现从以依附式嵌入、有限自主性探寻到共享发展的宏观结构转向，展现了社会工作与国家治理演进之间的复杂纠葛图景，具体见表 4-2。[②]

表 4-2　改革开放以来我国社会工作发展阶段

发展阶段	功能变迁	专业使命	角色定位	结构转换
1978—2005 年	为经济发展、社会稳定保驾护航	消极救助	残补性福利提供者	边缘性位置
2006—2012 年	增进社会和谐，促进社会正常化	社会控制	修补者、控制者	依附性位置
2013—2017 年	参与社会治理，助推共享发展	社会公义、社会保护	使能者、资源共享者	协同性自主

总的来看，党的十八大以来，我国社会工作的服务领域或社会工作

① 王思斌.我国社会工作从嵌入性发展到融合性发展之分析［J］. 北京工业大学学报（社会科学版），2020（3）：29-38.

② 徐选国，赵阳.迈向共享发展：改革开放 40 年我国社会工作实践的结构转向［J］. 新视野，2018（4）：15-22.

实务内容基于国家宏观上经济社会发展需要，基于全面深化改革推动国家治理体系和治理能力现代化的需要，社会工作参与或实施几项大的专项行动，积极服务于国家整体发展需要，扩展了社会工作新的服务领域，出现了一些新的态势和特点。首先，为配合党和国家的脱贫攻坚及精准扶贫、乡村振兴等战略，社会工作全方位地由城市走向农村，农村社会工作的深度和广度得以空前推进。民政部采取社会工作专业人才服务“三区”计划①、社会工作服务机构“牵手计划”②等专项行动，推动农村社会工作扎根中西部地区。很多省采取乡镇（街道）社会工作站全覆盖形式，将以兜住底线、改善民生为根本目标的社会工作服务向乡村和基层延伸，打通为民服务“最后一公里”。截至 2022 年 6 月底，全国已建成乡镇（街道）社会工作站 2.1 万余个，5.3 万余名社会工作者驻站开展服务，全国乡镇（街道）社会工作站覆盖率达 56%。其次，因为基层治理现代化是国家治理现代化的重要内容，基于呼应和配合国家治理现代化的需要，社会工作积极投入或开辟新的助推基层治理现代化的领域，社会工作者尝试并扩大将社会工作专业知识运用于社区工作，专业社会工作者（机构）通过承接政府购买服务等方式，广泛参与困弱群体服务、社会救助、社区建设、乡村振兴、心理辅导、犯罪预防、禁毒戒毒、矫治帮扶等方面工作，在服务居民的同时，推动基层社会治理格局和体制的创新，有学者认为社会工作以“服务型治理”开创了社会工作参与基

① 2013年3月，民政部等部门联合印发《关于做好首批边远贫困地区、边疆民族地区和革命老区社会工作专业人才支持计划实施工作的通知》，正式启动了社会工作专业人才服务“三区”计划。

② 2017年6月，民政部等3部门联合印发《关于支持社会工作专业力量参与脱贫攻坚的指导意见》，启动实施了社会工作服务机构“牵手计划”。2021 年 12 月，民政部、国家乡村振兴局联合印发《“十四五”时期社会工作服务机构“牵手计划”实施方案》。

层治理的新局面。最后，基于呼应健康中国战略、积极应对人口老龄化国家战略等的需要，社会工作者（机构）丰富和扩展了传统的对儿童、青少年、老年人、妇女、残障人士、社区矫正对象、戒毒康复人员和优抚安置对象等群体的社会工作服务，特别是医务社会工作得以较快发展，社会工作力量还全面参与机构养老、社区养老和居家养老。为满足疫情等自然灾害应急服务的需要，拓展和丰富了在城乡社区、社会救助、灾害应急等领域的社会工作服务。

由上述内容可知，我国社会工作实务或服务的具体内容的外延是不断变化的，从发展历程来看，经历了从个人服务到公共服务的转变；从内容来看，经历了从服务到治理的转型。在我国社会工作实践探索初期，社会工作主要由政府部门、妇女组织、慈善机构等单位开展，关注社会救助、儿童保护和社会福利。从 20 世纪末开始，我国社会工作开始进入快速发展阶段，大量的社会工作组织、机构和社会工作者提供各类社会服务和支持，包括社会救助、社区发展、家庭服务、青少年保护等。在现代化建设阶段，社会工作开始涉及更广泛的领域，包括社区发展、社会融合、社会保障、社会治理等。[①]

二、新时代我国社会工作实务内容的丰富拓展

2023 年《党和国家机构改革方案》要求组建中央社会工作部，预示着我国社会工作的生态系统发生转换，进入强生态系统。[②] 中央社会

① 黄晨熹 . 组建中央社会工作部对我国社会工作的重要意义［J］. 人民论坛，2023（23）：36-40.

② 王思斌 . 生态系统转换下我国社会工作的位势变化与新本土化发展［J］. 东岳论丛，2024，45（1）：78-85，191-192.

工作部是中国共产党统领社会力量、解决社会领域的问题、加强和创新社会治理、推进社会建设的工作部门，在此背景下，发展“大社会工作”或者在“大社会工作”格局下认识和开展社会工作服务成为必然趋势。[①] 此处的“社会工作”是党针对社会领域的工作，是组织和动员社会力量参与社会建设的工作，[②]不少学者认为社会工作部中的社会工作属于“大社会工作”之列。[③] 根据《党和国家机构改革方案》，中央社会工作部是党中央职能部门，其主要职能包括：统一领导国家信访局，负责统筹指导人民信访工作，指导人民建议征集工作，统筹推进党建引领基层治理和基层政权建设，统一领导全国性行业协会商会党的工作，协调推动行业协会商会深化改革和转型发展，指导混合所有制企业、非公有制企业和新经济组织、新社会组织、新就业群体党建工作，负责全国志愿服务工作的统筹规划、协调指导、督促检查，指导社会工作人才队伍建设，等等。如果将社会工作置于社会工作部的职责范围，或者从社会工作部职责范围来看，在社会工作部职责范围内，社会工作的重点或主要社会工作领域包括党建社会工作、公益慈善社会工作和信访社会工作。党建社会工作是指党建和社会工作相互促进与融合发展，通过社会工作专业实践服务提升基层党建效果，通过基层党建载体提升社会工作的专业性，最终实现社会工作与党建的双向互联。公益慈善与社会工作牵手，主要是通过社会工作的专业理念与实践模式引导，发挥社会工作的专业能力与公益慈善的资源效应，推动公益慈善社会工作的融合发

① 王思斌.机构设置新格局下“大社会工作”的均衡发展［J］.中国社会工作，2023（16）：6.
② 王思斌.发展好“大社会工作”［J］.中国社会工作，2023（10）：6.
③ 王思斌.在机构改革新格局下发展好民政领域社会工作［J］.中国社会工作，2023（34）：6.

展。[①]信访社会工作是指运用社会工作理念和方法，以信访人为主要服务对象，为其提供以合法、理性方式逐级表达诉求，协助其获得解决问题的能力、改善社会的功能，提升生活质量，预防和协助解决社会问题，促进社会和谐为目标的专业服务。社会工作者可以为信访对象提供法律、政策及相关知识的咨询，提供信息转介服务，及时疏导来访人的情绪，运用社工理念和方法引导来访群众依法信访，有效利用政府资源解决来访群众的难题。如果说社会工作部是在探索、形成一种新的社会治理机制的话，那么上述新时代我国社会工作新的发展重点更加直接，也更加凸显社会工作服务于社会治理的功能。在社会工作部工作体制下，要重塑社会工作的社会联结功能。[②]在中央社会工作部的统领下，专业社会工作发挥作用的空间会逐渐扩大，以多种方式更加有效地参与保障民生和社会治理，[③]在司法矫正以及社区治理等领域呈现社会工作深度嵌入国家或治理行为的态势。[④]在城市，社会工作主要提供社区矫正、再就业培训、心理咨询、精神慰藉、社区融入、生活照料等多元化服务；在农村，社会工作则主要为留守群体提供娱乐、健康和安全等方面的服务。[⑤]

当然，在此新的强生态系统和“大社会工作”格局下，由于社会工作与民政工作服务对象重叠，目标驱动一致，服务方式互补，政策

---

① 黄晨熹．组建中央社会工作部对我国社会工作的重要意义［J］．人民论坛，2023（23）：36–40.

② 徐选国．专业与政治的调适：中央社会工作部组建后的社会工作发展路向［J］．中国社会工作，2024（4）：21–22.

③ 王思斌．发展好“大社会工作”［J］．中国社会工作，2023（10）：6.

④ 王思斌．中国社会工作的嵌入性发展［J］．社会科学战线，2011（2）：206–222.

⑤ 郭伟和．地方性实践知识：城市社区工作者反建制力量的隐蔽领域：基于B市莲花社区的个案研究［J］．学海，2016（2）：143–152.

与资源整合性强、人才能够且便于共享等，民政领域依然是社会工作的主战场。但我国社会工作实务或服务内容又有新的变化，主要覆盖青少年、妇女、社区、学校、矫正、社会救助、老年、儿童等领域。对于民政部门来说，运用社会工作方法，以基层民生设施和机构为平台，增强基层民政服务能力，解决基本民生问题，仍然是民政部门做好工作的抓手和机制，民政工作与社会工作是天然地联系在一起的。[①] 民政系统依然是社会工作发展最重要的领域，在实践中有利于实现双赢。

总之，社会工作服务是工业化、城市化与社会现代化的必然产物，专业化的社会工作服务是现代社会应对社会问题的一条重要途径和制度性保障。随着人类需求和面临问题的双重变化，社会工作服务的具体内容不断增多，也发生着变化。社会工作实务内容结构性演变规律和发展方向是：社会工作实务从非专业服务到专业服务，从直接服务到间接服务，从点面性服务到系统性服务，从单纯的物质福利服务扩大到身体、心理健康服务和灵性服务，由单纯的物质帮助、经济保障转变为意识提升、权利倡导、能力建设和“全人”综合性发展，由消极的事后补救和微观的临床治疗转变为积极性预防服务和宏观、中观、微观服务并重。全面性、过程性、专业性、系统性社会工作服务体系框架形成，反映了社会工作专业成熟程度。[②] 尽管社会工作实务内容丰富多彩，而且随着社会发展而不断转型与创新，其根本宗旨和共同目标却是一致的，那就是帮助服务对象更为有效地应对他们面临的生活问题，改善他们的生活质

① 王思斌.在机构改革新格局下发展好民政领域社会工作［J］. 中国社会工作，2023（34）：6.

② 刘继同.英美社会工作实务范围内容演变与现代社工实务概念框架建构［J］. 社会工作，2013（3）：3–15，150–151.

量，增进全社会的健康福祉，构建和谐社会，进而实现社会公平、社会团结与社会发展的目标。这意味社会工作实务体系宗旨、目标、范围内容、过程、结构、功能角色、地位作用本质上是相同的，只不过世界各国的社会结构与制度安排有所不同而已。①

① 刘继同.英美社会工作实务范围内容演变与现代社工实务概念框架建构［J］. 社会工作，2013（3）：3–15，150–151.

第五章

社会工作方法共识与数智转型

社会工作作为一门以实践为本的专业学科，其核心在于运用系统化、科学化的方法帮助个人、群体和社区解决问题、提升社会功能。在当前理论与实践语境中，社会工作范畴除蕴含社会工作专属知识和特有价值内容之外，在很多语境和场域中还蕴含“社会工作方法”之意蕴，即所言及的社会工作实则指的是开展相关社工服务实践活动中采取的社会工作技术与方法，该方法与技术是将社会工作实践活动与其他实践活动或行为相区别的重要标志。

社会工作方法具有鲜明的价值导向和实践特征，系统理论、增能理论和优势视角为其提供了重要的理论基础，系统理论为社会工作提供了“人在情境中”的分析框架，强调个体行为与社会环境之间的互动关系；增能理论则着眼于社会正义，认为许多个人问题实质上是结构性压迫的结果；优势视角是对传统问题取向的超越，它反对将服务对象标注为“有问题的人”，转而关注其内在潜能和优势资源。在价值层面，社会工作方法体现了“助人自助”的专业宗旨，社会工作核心使命特别强调通过专业方法促进社会改变、增强社会凝聚力，社会工作方法始终保持着对人性的尊重和对社会公平的追求。

技巧和方法是社会工作实践或实务的核心，只有当服务实践中应用了社会工作技术，这些方法才属于社会工作范畴 。专业性的社会工作方法，不仅是社会工作内涵的重要内容，也是社会工作实践的重要特征，还是社会工作专业性的根本保证，根据美国社会工作者协会（NASW）

的专业标准，是否掌握系统的工作方法是区分专业社会工作者与志愿助人者的关键指标。而且，社会工作方法是应对复杂社会问题的有效工具，当代社会问题呈现多元化、复杂化的特征，社会工作方法体系中的个案管理、家庭治疗、社区发展等方法，能够针对不同层面的问题提供专业应对。另外，社会工作方法的创新推动着学科发展，数字化技术的应用也为传统方法注入新的活力，极大地拓展了社会工作的服务边界。

纵观社会工作发展历程，在不同的社会发展历史阶段、处于不同的社会生态、面对不同的服务对象，虽然社会工作方法保持着一定的核心内容和规范标准没有太大的变化，但是根据现实需要和科学技术条件，社会工作方法也随之发生一定程度的变化。在中国特色社会主义背景下，专业社会工作方法在社区建设、精准扶贫、社会组织培育等领域发挥着越来越重要的作用，将国际经验与本土实践相结合，发展适合中国国情的社会工作方法体系，成为当前专业发展的重要课题。

第一节　社会工作方法共识

社会工作方法，即在社会工作实践或行动中从业者采取的方法或技能。社会工作方法在社会工作服务体系中占据重要地位，诞生于美国的社会个案工作方法、群体工作方法、社区组织方法和宏观社会工作方法，构成了社会工作实务的范围内容和专业社会服务的方法技巧，使得相当长的时间里社会工作实务基本上等同于社会工作方法，社会工作方法成为社会工作实务的主体。[①]社会工作作为一门专业或一种职业，必须发展出一系列独特的技能。技能是在实施或表现中有效地和熟练地运用知识的能力，社会工作的基础技能包括：①社会工作者在帮助、约会、观察、沟通、同情和评估诸方面的技能；②案主在使用帮助和改变社会功能方面的技能；③社会工作者在觉察环境和问题限制因素上的技能。[②]社会工作专业发展和社会工作实务体系建构的基本途径是专业方法与专业技巧，以使社会工作服务区别于其他助人服务活动，这意味着采用社会个案工作方法、群体工作方法和社区组织方法的服务就是社会工作实务，就是专业社会服务，否则就不是。社会工作专业价值观、专业伦理、专业态度和专业知识的灵魂地位似乎无足轻重。[③]在很大程度上，社会工作的方法与技术是将社会工作实践活动与其他实践活动或行为相区别的重要标志，甚至技巧和方法是社会工作实践或实务的核心，只有当服务实践中应用了社会工作技术，这些方法才属于社会工作范畴。[④]

一、社会工作方法共识

社会工作作为一门应用型学科，其实践方法深受社会文化环境与专业理论发展的双重影响。随着全球化进程加速，社会工作方法的跨文化传播与本土化调适已成为重要研究议题。欧美发达国家的社会工作方法体系建立在深厚的理论根基之上，形成临床干预与结构变革并重的双重

---

① 刘继同 . 英美社会工作实务范围内容演变与现代社工实务概念框架建构［J］. 社会工作，2013（3）：3–15，150–151.

② Morales A，Sheafor B W，Scott M E. Social work ：a profession of many faces［M］. 6th ed. Boston：Allyn and Bacon，1992：24.

③ 刘继同 . 英美社会工作实务范围内容演变与现代社工实务概念框架建构［J］. 社会工作，2013（3）：3–15，150–151.

④ 顾东辉 . 社会工作概论［M］. 上海：复旦大学出版社，2023：28.

路径。

在欧美社会工作实践中，社会工作实践方法总体上可以分为三类：临床实践方法、结构性干预方法和批判性实践方法。在临床实践方法中，认知行为疗法（CBT）成为主流干预方法，其理论基础可追溯至 Beck 的认知三角理论，强调通过改变非理性信念来改善情绪与行为问题。研究显示，美国约 76% 的临床社会工作者将 CBT 作为首选方法（NASW，2023）。动机式访谈（MI）则整合了罗杰斯的人本主义理论与自我决定理论，通过增强改变动机提升干预效果。而英国社会工作中广泛采用的任务中心模式（TCT），则建立在短期治疗理论基础上，具有目标明确、时限固定的特点。对于结构性干预方法而言，主要运用在宏观社会工作实践领域，如常采用的社区组织方法，受到社会行动理论深刻影响，强调通过集体行动争取资源与权利。另外，北欧国家植根于福利国家理论，将个人问题置于社会政策层面解决，是社会政策分析法的典型代表。此外，批判性社会工作方法近年来快速发展，在实践中反压迫实践方法和女权主义社会工作方法是其典型代表。

我国社会工作实践在借鉴国外经验的基础上，结合中国国情进行了本土化创新，形成了具有中国特色的社会工作方法。个案工作方法注重结合中国文化中的家庭观念和社会关系，强调家庭支持和社会网络的作用。其理论基础包括生态系统理论、优势视角等。生态系统理论强调个体与环境的相互作用，优势视角则注重挖掘服务对象的潜能。团体工作方法也得到了广泛应用，特别是在青少年社会工作、社区康复等领域。其理论基础包括小组动力学理论和本土化的社会支持理论。小组动力学理论强调小组内部的互动和凝聚力，社会支持理论则关注通过社会网络提供支持。社区工作方法在我国形成了社区为本的整合模式，强调通过社区参与和资源整合解决社区问题。其理论基础包括社区发展理论和本土化的社会建设理论。社区发展理论强调社区的自我管理和自我发展，社会建设理论则关注社会结构的优化。另外，近年来社会工作方法本土化创新比较明显，如在农村社会工作中，提出了社区为本的整合社会工作实务模式。

尽管存在文化差异，全球社会工作方法在三个层面形成重要共识：一是价值伦理的共识。“人的尊严与价值”、“社会正义”和“服务取向”构成全球社会工作的价值基石。具体表现为：普遍遵循 IFSW 伦理守则的核心条款，92% 的研究对象将其作为实践基准；共同承诺对弱势群体的保护义务，尤其在儿童保护、残疾人服务等领域形成标准化干预流程；共享“助人自助”的理念内核，中国“授人以渔”与西方“赋能”（empowerment）理念具有高度同构性。二是实践框架的共识。系统视角与循证实践构成方法论基础：“人在情境中”（PIE）的评估框架被普遍采用，在英美发展为生物心理社会模型，在中国演化为“家—社区—社会”三层分析；通用过程模型（接案—评估—干预—评估—结案）成为基础架构，国外的社区工作与中国的社工服务呈现相同阶段特征；证据为本的决策机制，欧美精准社会工作与中国精细化服务均强调数据驱动的干预设计。三是技术规范的共识。基础技能体系呈现高度标准化，而且基础沟通技巧、评估工具与专业边界保持高度一致。沟通技术方面，积极倾听、同理心表达等技术要领具有跨文化有效性；评估工具上，风险评估量表、需求评估矩阵等工具经过文化调适后被广泛使用；专业边界管理，包括双重关系规避、保密原则等在各文化情境中均被严格规范。

值得注意的是，上述社会工作实践中所采取的工作方法或专门技术并非为社会工作实践所独享，实则在其他领域的实践实务中也会运用到，如心理治疗技术是心理医生给病人治病采用的最基本的技术。在一定意义上，社会工作所采用的专门技术往往源自其他领域的专业技术，社会工作方法的优势和特点之一就是“人在情境中”多种方法的综合运用，从而实现人境共优，达到解决问题的目的。另外，个案工作、群体工作、社区工作、宏观方法等常用的社会工作方法，既是工作方法和干预途径，又是服务场所与服务范围内容，还是服务领域和服务对象，深刻反映了社会服务体系的多样性。[①] 而且，社会工作方法同社会工作服务内容一样，也随着时代发展不断变化，从 20 世纪开始，社会工作的专业化发展导向十分明显，专业人员、专业知识、专业教育、专业技能方法、专业服务和专业地位成为社会工作发展的重要方向。1917 年，理奇蒙出版了《社会诊断》一书，试图参照医学、法学等专业建设思路，通过独特和专业的方法技巧途径确立社会工作的专业地位。1922 年，理奇蒙又出版了《什么是个案工作》，标志着作为社会工作专业方法的“社会个案工作”正式形成，为日后群体、社区等方法奠定基础。上述西方社会工作方法理论及实践积累的方法经验，不断丰富和完善社会工作方法体系，影响我国社会工作方法体系的形成。

二、社会工作方法的时代丰富

对于我国而言，社会工作（至少在“专业社会工作”的意义上）是舶来品，西方社会工作理论和方法对我国社会工作专业和职业的影响重大而深远。对于我国社会工作实践所采取的方法而言，如在宏观上，通常将社会工作实务方法分为个案社会工作、小组社会工作、社群（社区）

① 刘继同．英美社会工作实务范围内容演变与现代社工实务概念框架建构［J］．社会工作，2013（3）：3–15，150–151.

社会工作等，并且这一分类为大多数教材所采用。但在我国特殊的国家治理体制和社会文化背景下，对社会工作的方法提出新的命题，也是社会工作本土化的重要内容和使命。在实践中，社会工作实务者自觉或不自觉地将西方舶来的社会工作方法与中国具体国情相结合、与中国社会工作具体实践相结合，理论界也开始积极回应这种实践的需求，如徐道稳等学者对中国特色社会工作方法作出了卓有成效的、深具中国特色的、本土化社会工作方法的总结和概括。[①]我国在党的十八大以后，特别是在组建了中央社会工作部以后，社会工作处于一种新的生态中，肩负着新的历史使命。如上所述，其肩负的社会治理职能更趋明显和强化，而且履行或完成该职能是在党的工作体系或生态中实现，在此背景下，党的工作体制及习惯、工作方法自然会影响社会工作。其中尤为突出的是群众工作方法必将对社会工作方法产生影响，或者说群众工作方法与社会工作方法有进一步融合的可能。

在我国既有社会治理体制下，在群众工作方法与社会工作实务深度融合的基础上，二者具有相当大的目标契合性和过程的相似性，在目标上从根本上说都是为服务对象（他人）服务，在实践过程中，二者都需要深入服务对象或居民群众中去，如果说目标契合性是神的相似、实践过程的相似性是形的相似的话，那么二者在某种程度上就具有形与神的一致性。所以，在很多官方语境或制度语境下，社会工作具有一定的群众工作色彩，甚至有些社区工作者认为“我们做的既是社会工作，也是群众工作”，[②]可见二者关系之密切。当然，二者也存在相当的差异，特别是对于所谓“专业社会工作”而言，专业社会工作者反复澄清“社

① 徐道稳．新形势下重新理解社会工作［J］．中国社会工作，2023（25）：24–25.

② 马西恒．两个“社会工作”：社会的和政治的［J］．中国社会工作，2024（1）：8.

会工作不是群众工作”，[①]但群众工作方法为我们丰富和完善社会工作方法，提高社会工作实践效率，提供了重要的经验借鉴。群众工作是我们党团结人民、对抗敌人的有力法宝，是宝贵的工作智慧，[②]长期以来，中国共产党创造了大量来自我国基层社会的、深具中国特色的、卓有成效的具体的群众工作方法，社会工作实务要充分吸收和借鉴这些宝贵的经验。社会工作实务吸收和借鉴群众工作方法，一方面使社会工作方法得以丰富和完善，有利于增强社会工作的实践效果；另一方面使群众工作方法在新的时代、新的情境中获得新的运用空间与可能。特别是在中央社会工作部这一宏观党群工作体制背景下，社会工作部属于党群机构，党群机构的突出功能或特质在于其蕴含鲜明的团结底色和整合功能，即团结民众、团结一切可以团结的力量；整合社会多元主体或力量，形成社会或群体整体力量。而团结民众、凝聚社会力量也正是社会工作者开展社会工作服务的重要技能。前述已言，当前参与和助推基层社会治理成为社会工作的重要使命或内容，在社会工作部的工作体制下，社会工作吸收党的群众工作方法，为社会工作借力党组织的政治领导和社会整合功能，重塑社会治理结构提供了可能和路径，有利于社会工作者将基层多元力量动员、组织起来，能够促进党建引领基层共治的实现。有学者将此种治理叫作政党统合治理，[③]在此意义上，社会工作是政党统合治理的重要力量，而党的群众工作方法也必将影响社会工作的实践过程与方法。

---

① 马西恒.两个“社会工作”：社会的和政治的［J］.中国社会工作，2024（1）：8.

② 柳拯，黄胜伟，刘东升.中国社会工作本土化发展现状与前景［J］.广东工业大学学报（社会科学版），2012（4）：5-16.

③ 赵亚楠，樊士博，徐敏.统合治理与团结意蕴：组建社会工作部的逻辑理路探析［J］.统一战线学研究，2023（3）：85-94.

第二节　社会工作方法的数智转型

社会工作方法，即在社会工作实践或行动中从业者采取的方法或技能，社会工作方法是社会工作实务的主体，[①]也是社会工作专业性的重要体现或标志，在社会工作实务中占据重要的地位。作为社会工作实践或行动的方法可分为宏观理念、工作手法、工作程序和专门技术四个层面，[②]而且，社会工作方法同社会工作实务内容一样，随着时代发展不断变化。特别是当前人类已进入以人工智能或数智技术为标志的第四次工业革命，科技的创新与发展直接影响社会工作方法，甚至带来社会工作方法的变革。

一、数智社会工作的运用场景

第四次工业革命是以网络物理系统为基础，将通信数字技术与软件、传感器和纳米技术相结合，将生物、物理和数字技术相融合，以人工智能、新材料技术、分子工程、石墨烯、虚拟现实、量子信息技术、可控核聚变、清洁能源以及生物技术等为技术突破口的工业革命。从技术的角度可将其视为数字化、网络化、智能化等多种技术簇群的涌现，从要素的角度可将其看作数字要素、新能源等新型要素的产生，从经济运行逻辑的角度看，以边际成本、机器人革命或人工智能革命为特点的学习

---

① 刘继同．英美社会工作实务范围内容演变与现代社工实务概念框架建构［J］．社会工作，2013（3）：3–15.

② 顾东辉．专业迷思与多维应变：当代中国社会工作发展的十项任务［J］．中国社会工作学刊（第四辑），2022（4）：20–24.

等理论在不同程度上试图揭示第四次工业革命的经济学逻辑。①第四次工业革命推动了21世纪技术、行业、社会环境的快速发展与变迁，区块链、人工智能、增强现实（AR）和虚拟现实（VR）等创新技术以及先进移动网络异军突起，②有学者将此技术生态称为“元宇宙”，人类开启了元宇宙时代。③从技术层面而言，元宇宙的主要支撑技术包括交互技术、区块链技术、物联网技术、人工智能技术、网络及运算技术与电子游戏技术等，是多种现代科学技术的融合，是人工智能（AI）、扩展现实（XR）和区块链等新兴技术的新组合，在技术的复杂程度和应用的潜在广度方面超越了任何一种传统的数字技术。④其突出特点是涵盖物理空间、社会空间、赛博空间和思维空间，汇集多种数字技术，并将用户与软硬件紧密结合，形成一个既映射于又独立于现实世界的虚拟世界。⑤

新的技术生态不仅创造了人们所处的物理空间，而且改变了人们的社会空间及相互关系。有学者将数字技术状态下的社会工作称为数字社会工作、数智社会工作、网络社会工作、虚拟社会工作，最早主要指以网络为媒介而开展的社会工作，即社会工作者凭借互联网的各种技术优势，运用社会工作专业方法，协助有需要的个人、家庭、群体或社区解决问题。⑥我国社会工作数字化起步晚，但发展快，这种发展快与我国人

---

① 张其仔，贺俊.第四次工业革命的内涵与经济效应［J］.人民论坛，2021（13）：74–77.

② French A，Shim J P，Risius M. The 4th industrial revolution powered by the integration of AI，blockchain and 5G［J］. Communications of the Association for Information Systems，2021，11（49）：266–286.

③ Lee J，Kwon K H. The significant transformation of life into health and beauty in metaverse Era［J］. Journal of Cosmetic Dermatology，2022，12（4）：6575–6583.

④ Henz P. The societal impact of the metaverse［J］. Discover Artificial Intelligence，2022，2（1）：9.

⑤ 王文喜，周芳，万月亮，等.元宇宙技术综述［J］.工程科学学报，2022（4）：744–756.

⑥ 陈劲松.网络社会工作的特性及基本原则探讨［J］.中国人民大学学报，2014（5）：71–78.

口众多、服务对象群体数量大紧密相关，呈现总体覆盖广且从业者和服务对象接受程度高、发展尚不成熟且数字应用浅层化、效果具有复杂性且易产生非预期结果等特点。[①]作为对科技发展的积极回应，党和政府部门积极出台相关政策推动社会工作的数智化转型，民政部先后制定两版《社区“三社联动”线上抗疫模式工作导引》，明确倡导运用微信群等信息化手段提供社会工作服务。总的来看，对于强调“人在情境中”，主张通过建立专业关系等理论、方法为服务对象提供支持的社会工作实践而言，社会工作在工作方法、形式和采取的手段方面也需要适应数智时代的技术与场景需求。[②]数智技术给社会工作实践带来的主要结果就是创造着社会工作实践的“数字场景”，此数字场景主要包括以下三个方面：

一是数智技术创生“数字空间场景”。社会工作实践都是在一定场景或场域中展开的，“人在情境中”是社会工作实践的突出特点，此处的“情境”主要是指案主所处的物质环境和社会环境。物质环境主要指的是案主的经济状况和物质条件；社会环境则包括家庭、学校、社区、社会组织（就业机构、社会服务部门）、社会文化等。[③]为体现社会工作实践情境的开放性与包容性，以及情境内要素的复杂性与互动性，笔者用“场景”这一概念来表达。在数智技术条件下，人在现实物理世界中的情境模式被引入数字情境中。[④]在数智技术条件下，VR、AR 和混合现实（MR）结合在一起，创生新的空间场景，为个体带来现实世界中无

① 黄雨晴.从社会性出发：中国社会工作数字化转型的影响与应对［J］.华东理工大学学报（社会科学版），2023（3）：42-55.

② 赵建超.元宇宙时代的数字化教育特征及场景［N］.中国社会科学报，2023-03-23（5）.

③ 张洪英.社会工作督导理论与方法［M］.北京：中国社会出版社，2019：79.

④ Lanzieri N，Mc Alpin E，Shilane D. Virtual reality：an immersive tool for social work students to interact with community environments［J］. Clinical Social Work Journal，2021，2（49）：207-219.

法感受到的体验。此数字情境使得个体能够摆脱与现实环境中组织、个人的直接接触，通过沉浸式体验的方式获取更为真实的主观感受。数字化情境体验实现了个体全然的、泛在的、无意识的沉浸，即全身心沉浸。全然的沉浸指的是个体能够实现官能（直观官能、判断官能、心灵官能）的全方位沉浸；泛在的沉浸指的是个体能够在元宇宙提供的数字情境中体验过去、现在、将来不同的虚拟时空，从事超越时空限制的沉浸活动；无意识沉浸指的是在数字情境中个体的思维体验是潜移默化的。[①]在数字场景中，因为服务对象问题产生的背景可能是真实的生活情境抑或是数字情境，所以社会工作者应将数字情境作为社会环境因素的重要变量置于服务对象分析的重要位置，以考察数字媒体技术的运用对服务对象问题产生的影响。[②]

二是数智技术催生“数字服务媒介”。传统社会工作服务方法强调社会工作者与服务对象建立直接、专业的工作关系，在服务方法的使用对象和范围方面受到时间、空间等的多重限制。但科学技术的发展使社会工作者和服务对象间的交流及相互作用的媒介发生了变化，早期，社会工作者借助电话、视频、短信等向案主提供咨询服务，随着数智技术发展，VR、MR、AR 等技术的出现，极大可能改变人类社会的结构、运行模式和生活空间，从而改变人类伦理、文化以及行为方式。数智技术为社会工作服务提供了新的工具和媒介，作为一种治疗和教育工具，在大大提升社会工作服务时效性的同时进一步拓展了社会工作服务领域。[③]

① 赵建超.元宇宙时代的数字化教育特征及场景［N］. 中国社会科学报，2023-03-23（5）.

② 尹新瑞，孟祥寒.元宇宙：数字化时代技术与社会工作专业图景［J］. 华东理工大学学报（社会科学版），2024（4）：79-95.

③ 尹新瑞，孟祥寒.元宇宙：数字化时代技术与社会工作专业图景［J］. 华东理工大学学报（社会科学版），2024（4）：79-95.

另外，以数字技术为基础的算法开始识别人群，基于大数据能够对人群或服务对象进行分类，并基于不同的分类来提供更为精准性的服务。

三是数智技术创生"数字主体"与海量数据。数字化基于个体数字化生活环境中人与人之间的数字交往（digital association）建构出不断迭代的"数字人"。[①]在数智时代，社会工作的对象可能是数字化的人，"数字人"的生活情境也不是确定的、现实的、唯一的，所以社会工作服务过程所需要分析的情境可能是真实情境，也可能是数字情境，而且服务对象主体本身都变得数字化了。另外，在数智技术条件下，将信息与通信技术用于管理和保存治疗记录以及收集有关调查数据方面，包括建立案主服务记录与资料库、共享高危人群信息系统、汇总常用法规政策等以供从业者服务时查询。[②]基于此，能够实现社会工作资料的数字化，便于建立社会工作案主数据库，有利于开展各类社会工作干预的科学研究，促进走向社会工作过程的整体数字化、社会工作内容的智能化以及社会工作服务对象的数字化筛选。[③]因此，海量的数据直接影响和改变了社会工作方法的选取。

二、数智社会工作的时代转型

数智技术无疑给社会工作实践带来巨大的变革，也给社会工作实践带来一定的发展空间与机遇，在一定程度上推动了社会工作的升级与发展。数智技术给社会工作带来的机遇主要包括以下三个方面：一是跨越

① 杜骏飞. 元宇宙与"数字人类世"的来临［J］. 探索与争鸣，2022（4）：74-76.

② Lauri G，Lea W，Paul P. Freddolino，digital social work：tools for practice with individuals，organizations，and communities［M］. NY：Oxford University Press，2019：129-144.

③ 梁玉成. 数字化转型下的社会工作发展思考［J］. 社会工作与管理，2022（6）：20-22.

时空阻隔的社会工作服务成为可能；二是高度精准化的社会工作服务成为可能；三是技术密集型社会工作服务成为可能。①有学者认为数智技术给社会工作带来的发展机遇包括②数字工具使社会工作得以接触到地理位置偏远或由于病理原因难以行动的服务对象，③优化社会工作服务资源和教育资源配置，④提供多样化的治疗和咨询工具，⑤提升服务效率和透明度，⑥建立长期稳定的治疗关系，⑦整合专业内外资源，获得社会认同等。⑧数智化为社会工作提供了新的服务对象、治疗环境和工具、教育媒介和社会资源，以及更高的社会认可接受性，从而在服务规模、工作能力、专业地位方面推动社会工作发展。但社会工作的数智化应用中潜藏着一定风险，特别是在服务主体或对象对数字技术还没有适应、社会工作实践中的数字技术还不完全成熟的情况下，在对传统社会工作造成一定程度冲击的同时，新生态的数智社会工作也没有成熟，从而在整体上影响社会工作的服务质量及社会工作事业的发展。而且，数智化可能带来社会工作服务理性化，难以建立深度专业关系；模糊专业界限，入侵私人

---

① 韩江风，陈凤.技术不确定性视角下数字社会工作的发展机遇与转型风险［J］.甘肃开放大学学报，2024（5）：1–6.

② 黄雨晴.从社会性出发：中国社会工作数字化转型的影响与应对［J］.华东理工大学学报（社会科学版），2023（3）：42–55.

③ Marian M. Social work practice in the digital age：the rapeutic E–mail as a direct practice methodology［J］. Social Work，2012，57（3）：249–258.

④ 吴越菲.迈向跨区域服务传送的乡村振兴：网络社会工作的实践可能［J］.中国农业大学学报（社会科学版），2021（5）：39–48.

⑤ Reamer F G. Clinical social work in a digital environment：ethical and risk–management challenges［J］. Clinical Social Work Journal，2014，43（2）：120–132.

⑥ Perron B E，Taylor H O，et al. Information and communication technologies in social work［J］. Advances in Social Work，2010，11（2）：67–81.

⑦ Mattison M. Social work practice in the digital age：the rapeutic E–mail as a direct practice methodology［J］. Social Work，2012，57（3）：249–258.

⑧ 吴越菲.迈向跨区域服务传送的乡村振兴：网络社会工作的实践可能［J］.中国农业大学学报（社会科学版），2021（5）：39–48.

生活；复制数字差距，违背对弱势群体的承诺等问题。[①]在社会工作数智化转型中，要高度警惕数智社会工作的"伪技术化"风险、"技术霸权"风险以及"技术鸿沟"风险。[②]

面对数智时代的来临，我们只有拥抱，而不是排斥甚至逃逸。对于社会工作实践而言，其应依然积极适应数智技术、融入数智技术。当然，我们在肯定社会工作数智化发展方向的同时，社会工作的数智化转型并不试图取代现实社会工作服务，而是在不改变社会工作专业属性的前提下将数智技术整合到业务范围内，其中以下几点尤为重要：首先，从社会工作实践主体（包括社会工作者和服务对象）来看，社会工作者即社会工作服务的提供者是数智社会工作的启动者，不仅要从思想上接纳数智社会工作，而且要通过自身学习积极掌握数智社会工作所需的技术技能；作为社会工作的服务对象，也要积极适应和掌握数智时代的技术，减少被技术抛弃的可能。同时，对老年人等数智技术学习困难的特殊群体，在采用传统社会工作方法的同时，要积极寻找和创造适老性的现代技术与方法，消弭数字社会工作转型中的技术鸿沟。[③]其次，从社会工作实践的内容来看，要探索数智技术与社会工作的深度融合，积极地将人脸识别、大数据分析、虚拟仿真、VR 治疗、元宇宙体验、人工智能陪伴机器人等各种高新技术应用于社会工作服务过程中，在此过程中要警惕和减少技术的冗余，避免为了所谓新技术而采用技术，而实际对社会工作服务质量本身没有改变，甚至因技术的运用加重社会工作主体双方

① 黄雨晴.从社会性出发：中国社会工作数字化转型的影响与应对［J］.华东理工大学学报（社会科学版），2023（3）：42–55.

② 韩江风，陈凤.技术不确定性视角下数字社会工作的发展机遇与转型风险［J］.甘肃开放大学学报，2024（5）：1–6.

③ 黄雨晴.从社会性出发：中国社会工作数字化转型的影响与应对［J］.华东理工大学学报（社会科学版），2023（3）：42–55.

的负担。最后，从社会工作实践过程来看，在数智技术生态下，社会工作服务对象自身的各种信息以数字的形态存在流动，这对服务对象隐私的保护带来一定挑战，因此，必须建构数智社会工作的专业伦理准则，特别是要加强对服务对象隐私权的全方位保护，从而避免数据灾难。

第六章

社会工作部体制下我国“社会工作”的时代转型

“党和国家机构职能体系是中国特色社会主义制度的重要组成部分，是国家治理体系和治理能力的重要支撑”，[①] 党和国家机构是承载与实现国家发展目标的重要载体，深化党和国家机构改革“是全面深化改革的一个重大动作”，[②] 直接服务于、服从于一个国家政治经济社会发展需要。2023 年，我国印发实施《党和国家机构改革方案》的一项重要改革内容就是组建中央社会工作部，组建中央社会工作部是党中央在新时代面临新的基层和社会治理难题与挑战的背景下，基于优化党和国家机构职能配置与提高治理效能的需要，为推进国家治理体系和治理能力现代化而进行的重大改革举措。根据《党和国家机构改革方案》，中央社会工作部作为党中央职能部门，其主要职责是负责统筹指导人民信访工作，指导人民建议征集工作，统筹推进党建引领基层治理和基层政权建设，统一领导全国性行业协会商会党的工作，协调推动行业协会商会深化改革和转型发展，指导混合所有制企业、非公有制企业和新经济组织、新社会组织、新就业群体党建工作，指导社会工作人才队伍建设等。社会工作部的设置，在纵向层级上，设置中央、省级、市级和县区级共四级，中央社会工作部统一协调领导社会工作，上级社会工作部指导下级社会工作部工作；在横向上，各级社会工作部统一领导各级信访局。

① 中共中央举行党外人士座谈会和民主协商会，向各民主党派中央、全国工商联和无党派人士通报情况听取意见［N］. 人民日报，2018-03-02（1）.

② 中共中央党史和文献研究院. 十九大以来重要文献选编（中）［M］. 北京：中央文献出版社，2021：125.

此次国家机构改革中，中央及各级社会工作部以“社会工作部”冠名，虽是一个新组建的党的工作职能部门，但实则是在原有相关机构基础上整合组建，从其整合既有党和国家机构来看，中央社会工作部统一领导国家信访局，国家信访局由国务院办公厅管理的国家局调整为国务院直属机构。中央社会工作部划入民政部的指导城乡社区治理体系和治理能力建设、拟订社会工作政策等职责，统筹推进党建引领基层治理和基层政权建设；划入中央和国家机关工作委员会、国务院国有资产监督管理委员会党委归口承担的全国性行业协会商会党的建设职责；划入中央精神文明建设指导委员会办公室的全国志愿服务工作的统筹规划、协调指导、督促检查等职责。省、市、县区级党委组建社会工作部门，相应划入同级党委组织部门的“两新”工委职责。从上述社会工作部的职责及其相关部门职能划转调整来看，群众信访工作、基层治理与基层政权建设、行业协会商会及“两新组织”或“三新群体”等社会组织或群体的党建、社会工作人才等领域是社会工作部的工作重心和主要内容，从其主要工作范围和内容来看，其部门职能的核心目的在于以党的建设及党的力量来统筹和引领社会各方力量，以此积极推进社会建设和社会发展，实现基层社会秩序和谐稳定。基于此，上述社会工作部的工作内容都属于“社会的工作”范围之列，做的是关于“社会”的工作，社会工作部的组建正是以党的职能部门社会工作部来统筹领导“对社会的工作”或“做社会的工作”。社会工作部中的“社会工作”强调的是一种“大社会”，是执政党基于加强和改进社会治理需要而设立的，反映出执政党致力践行的“大治理观”，[①] 甚至在国家治理和发展的意义上可以将

① 徐勇．以“大治理观”看社会工作部［N］．北京日报，2023-03-27（10）．

社会工作部理解为关于推动社会建设或社会发展部门。[①] 当然，不论是将社会工作部中的社会工作理解为“大社会”的工作，还是理解为社会建设、社会发展的工作，在以社会工作部统领社会工作这一制度体系设计下，专业社会工作或“小社会工作”[②]都是社会工作部的重要职能。社会工作部的组建，不仅为社会工作实践提供了新的机构生态系统，也为社会工作提出了新的时代使命要求。新的机构生态系统为新时代社会工作实践提供了新动能及新领域，但也对社会工作提出了新的命题与挑战，新时代的社会工作更应积极地自我转型以适应新的机构生态系统功能有效发挥的需要，适应新时代党和国家基层社会治理的需要，也适应社会工作自身转型升级的可持续发展的需要。在“大社会工作”背景下，应从有利于社会工作事业发展、有利于保障和改善民生、加强和创新社会治理、促进社会建设和社会进步的角度思考问题。[③] 那么，在新的国家机构生态或工作体制下，如何理解新时代的社会工作、如何推动新时代社会工作的转型与发展是一个十分紧迫而重要的时代命题。

---

① 徐选国.专业与政治的调适：中央社会工作部组建后的社会工作发展路向［J］. 中国社会工作，2024（4）：21-22.

② 关于我国学界、实务界以及政策话语体系中我国社会工作范畴的理解及其分歧，笔者在《我国社会工作范畴辨析及理解分歧》（张巍，张勇 . 我国社会工作范畴辨析及理解分歧［J］. 社会工作与管理，2024，24（6）：10-17.）中进行了较为详细的论证。为使本书讨论具备共识性话语表达基础，也为本书行文表达简洁便利，书中“社会工作”这一表达在没有特别说明的情况下，其内涵与外延均与传统理解的“专业社会工作”保持一致。

③ 王思斌.“大社会工作”格局下社会工作专业性再认识［J］. 中国社会工作，2023（25）：6.

第一节 在国家基层治理的结构性框架中理解社会工作

上述已言，组建社会工作部意指基层社会治理的意图十分明显，在很大程度上社会工作部正是基于加强和完善基层社会治理的需要而进行的机构改革。尽管社会工作部中的“社会工作”与传统和一般意义上所言的专业社会工作实践与服务中的“社会工作”有明显区别，专业社会工作实践与服务的领域和内容绝不仅局限于社会工作部的职责范围及工作内容，社会工作部的职责范围也绝非专业社会工作领域所能涵盖，但社会工作部所肩负的“对社会领域”或“关于社会领域”的工作职能实现，在实践中绝离不开所谓专业社会工作，社会工作在实现社会工作部工作职能中扮演着重要角色，承载着重要使命，也有重要的生存或发展空间，社会工作与社会工作部有天然的紧密联系，这种紧密联系根植于社会工作自身内涵与社会工作部职能内容的内在深层次的通约性和目标功能的一致性。特别是我国在社会工作职业化制度设计时，就对社会工作作出了不同于西方的功能定位，将社会工作的功能并未仅定位为民生保障（社会福利），而是将其定位为民生保障和社会治理，而且后来更重视社会工作的治理功能。[①]总的来看，当前我国组建社会工作部是从党和国家机构改革方面对中国式现代化建设进程中面临的问题与挑战进行的积极回应，是以机构改革和制度建设推进中国式基层治理现代化的重要

---

① 徐道稳 . 新形势下重新理解社会工作［J］. 中国社会工作，2023（25）：24–25.

举措。在国家基层治理现代化的意义上，组建社会工作部肩负党和国家对基层治理现代化与基层自我治理现代化的双重需要与重任。因此，将社会工作置于国家和社会治理的结构性框架中理解，才能更全面、更深入地理解新时代的社会工作，才能更好地做好社会工作实践。

一、社会工作助推国家力量下沉

国家政权权力向基层社会的延伸及有效统治是现代民族国家走向现代化的重要标志，也是现代民族国家实现有效政治统治的必然要求。基于此，为实现国家政权对国家空间及层级上的有效统治和治理，现代官僚制层级管理体系应运而生。现代国家的官僚制及官僚系统为国家政权力量向下、向基层延伸提供了根本性的制度和组织依托，正是借助日益发达、完善的官僚系统以及不断发展的科技条件，才使国家从“有边陲（或边疆）而无国界”[①]的传统国家状态发展为具有高度国家权威的国家，该国家政权通过政权力量向基层有效延伸与渗透，才实现对基层的有效统治与治理。无疑，在此国家现代化的演化发展实践过程中，国家官僚系统及其力量向下延伸发挥着主力作用，但国家力量向基层有效延伸仅依靠官僚系统自身力量是远远不够的，离不开国家官僚系统外的力量的配合和支持，只有在国家权力和社会力量有序博弈与合作的组织生态系统中，才能更好地实现国家权力对基层社会的有效渗透和控制。对此实践中的问题，不论是在中国，还是在西方的理论与实践中，理论界都对其进行了积极的回应，将其抽象化为“国家”与“社会”关系这一恒久命题，该命题在相当长的一段时期内处于学界理论解释范式或框架的基

---

① ［英］安东尼·吉登斯. 民族—国家与暴力［M］. 胡宗泽，赵力涛，译. 北京：生活·读书·新知三联书店，1998：63.

石地位，也处于学术讨论的焦点领域。尽管学界对该理论解释框架的局限性也保持着充分而理性的警惕，特别是面对解释不同国家、不同发展阶段的实践时更是如此，但其所具有对现实世界的解释力是毋庸置疑的，只是所具有解释力的角度和程度有差异而已。在我国既有党和国家领导体制下，以党和国家力量为主体的政权力量必然也必须承载向基层社会延伸的使命，中国共产党的政党系统与国家机关的官僚系统是党和国家政权力量向下延伸的组织载体，是国家政权力量向下延伸的主渠道和主载体。

我国在长期的政治和国家治理实践与改革中，积累和形成了具有自身特点的党和国家权力下沉延伸基层的路径与经验，从推动政权力量下沉的主体来看，党和国家政权力量下沉的方式有两种：一是党和国家的政权力量以管理或服务为载体直接下沉；二是党和国家政权力量与社会力量、市场力量等主体相互合作，以服务的形式间接性下沉。特别是在当今不论是服务型政府建设，还是融治理于服务之中的社会趋势，后者都显得尤为重要。而对于后者，在我国的实践中，社会工作力量是与党和国家政权合作的重要主体与专业性力量，其以自身提供的专业性服务助推党和国家治理力量的有效下沉，社会工作与党和国家政权力量的合作，助推国家政权力量下沉的实践方式和路径多种多样，也发挥着重要作用。而且，社会工作力量是一支有组织性、专业性、群众性的社会力量，其与国家政权力量合作，助推国家政权力量下沉有天然的组织优势、专业优势和群众优势。而且，社会工作力量与国家政权力量在服务民众这一终极目标的价值上具有高度的一致性；同时，我国既有的社会政策相关制度和组织机构设置也为二者合作及实践中社会工作融入国家政权行为提供了较为完善的制度保障与组织机构条件。组建社会工作部在一定程度上实则也为社会工作力量融入党和国家政权力量在更高层面上提供了重要的组织依托和制度保障。从制度设计来看，社会工作部肩负着整合多元社会力量，统筹推进党建引领基层治理和基层政权建设之功能，[①]无疑，其间蕴含着以社会工作力量助推党和国家治理力量有效下沉基层社会之制度设计意义。社会工作部作为党的职能部门，对党和国家政权力量下沉延伸有特殊地位与价值，作为党的职能部门，其权力运行具有党的权力系统的属性与特质，具有先天的政治优势和组织优势，以“政党下基层”等多种方式，实现引领社会、组织社会等为内容的政党功能。而在这一过程中，社会工作力量以其独特的专业性与社会性，具有与基层治理相契合的天然优势，在国家治理特别是基层治理领域，无疑有广阔的施展舞台，利用自身作为社会组织的优势，主动将自身行动融入党和国家的基层治理需求，助推党和国家政权性治理力量下沉，既能在助推实现党和国家的基层治理目标的同时，获取自身生存与发展的空间，也是新时代社会工作力量的时代使命所在。

二、社会工作培育基层社会自治

如果说基层治理包括国家对基层社会的治理和基层社会的自我治理两个方面的话，[②]上述社会工作力量助推党和国家政权治理力量有效下沉，实则可以理解为社会工作力量发挥与实现党和国家对基层社会治理的功能。除此之外，社会工作力量还通过推动基层社会组织化以培育或促进基层社会自我治理，在此意义上，社会工作力量是推动基层社会自

① 赵亚楠，樊士博，徐敏.统合治理与团结意蕴：组建社会工作部的逻辑理路探析［J］. 统一战线学研究，2023（3）：85–94.

② 徐勇 . 中国式基层治理现代化的方位与路向［J］. 政治学研究，2023（1）：3–12.

我治理的重要力量，在此过程中，社会工作力量社会组织所具有的自身优势，能够引导、培育和推动社会分散主体组织化功能，进而推进基层社会的自我治理。而基层社会的自治对于国家治理不可或缺，特别是对于一个疆域面积广大、人口规模巨大的国家治理而言，权力向基层延伸的深度和覆盖广度始终是评价基层治理有效性的两个基本向度。官僚制及官僚系统虽然提供了国家政权权力延伸和治理的基本依托，但其并非基层社会有效治理的充要条件，基层社会有效治理不仅需要官僚系统对基层社会的治理，更需要基层社会的自我治理。因为基层社会的组织化程度以及自治程度，不仅影响官僚系统权力在基层运行的有效性，而且是基层社会自我治理效果的重要影响因素。特别是在当前社会环境与科学技术生态下，开放、自由、流动、跨界成为常态，社会多元化主体力量日益分化且影响力日益增强，现代信息技术发展也加剧了社会系统的复杂性和不确定性，我国社会呈现日益碎片化的状态，[①]此状态在为基层社会活动创造条件的同时，给基层社会秩序带来冲击，给基层社会有序治理带来挑战。因此，如何将这种流动性、碎片化、多元性的个体化主体组织起来，纳入有序的基层社会治理体系中成为基层社会治理的关键问题。

社会工作部组建后，从其承担的“指导混合所有制企业、非公有制企业和新经济组织、新社会组织、新就业群体党建工作”等职责设定来看，以党建力量推动社会主体力量组织化的机构设置目的是十分明显的，在一定意义上，组建社会工作部的主要目的就是试图以党建力量推动社会的组织化建设。社会工作部作为党的职能部门，为社会工作力量

① 蒋敏娟 . 组建中央社会工作部与社会治理现代化［J］. 人民论坛，2023（4）：49-52.

发挥基层社会组织化功能提供了重要的组织平台和依托。在社会工作部组织生态及工作体制下，社会工作力量作为一股产生于社会的、具有深厚社会基础与根基的力量，一方面，其自身需要被组织化到既有的社会治理体系中，成为社会治理体系中推进社会有序的重要向心力；另一方面，其是主动组织化其他社会主体的重要力量，承担对其他分散主体力量的凝聚、团结和组织功能，发挥引领型社会组织的引领作用。而社会主体的组织化是基层社会有效自治的重要组织基础和社会基础，社会主体的组织化程度直接影响基层社会自治的效果，因此，基层社会有序自治离不开社会主体的组织化，而多元社会主体的组织化离不开社会工作这股重要的社会力量。在此过程中，社会工作力量组织化社会主体的路径与方法多种多样，但其作为社会组织“孵化器”的功能和作用是学界的共识，社会工作的重要功能就在于培育和引导社会组织力量的发展。总的来看，社会工作力量是一种激活性、组织化的治理力量，其激活的是其他基层社会多元主体，促其有序参与到基层社会治理系统中，是基层社会共建共治共享格局的重要主动性构建力量。在此意义上，组建社会工作部是党和国家实现对基层社会有效组织化的重要治理结构与体系变革。[①]

值得注意的是，尽管社会工作部承载着基层社会治理的重要目标，主要通过对社会工作或从事社会领域的工作而实现基层社会治理目标，但在我国既有的党和国家政权组织机构系统中，具有一定社会属性的与社会或社会领域相关的党和国家机构或部门很多，仅从机构或部门名称来看，就有中央社会工作部、人力资源社会保障部、全国人大社会建设

① 赵亚楠，樊士博，徐敏.统合治理与团结意蕴：组建社会工作部的逻辑理路探析［J］.统一战线学研究，2023（3）：85-94.

委员会、全国政协社会和法制委员会等。除此之外，承担社会事业发展和民生保障职能的机构还包括国家发展改革委、民政部、教育部、卫健委、住建部和医保局等部门。上述部门或机构的职能都与社会紧密相连，其做的工作或多或少属于社会领域的工作，而且或多或少与基层社会治理有关。社会工作部组建后，与基层社会治理的相关部门构成了一个新的基层社会治理体系，我们的社会工作服务与实践正是在这个新的基层社会治理体系生态中生存和发展的。因此，如何合理配置与社会领域相关的各机构或部门的权责，理顺各机构部门间的关系就成为社会工作部职能有效发挥的重要前提。

第二节　在以人民为中心的价值中彰显社会工作之公共性使命

尽管中西方对社会工作范畴有多样化的理解，但一般认为社会工作是秉持利他主义价值观，以科学知识为基础，运用科学的专业方法，帮助有需要的困难群体，解决其生活困境问题，协助个人及其社会环境更好地相互适应的职业活动。[①]我国有学者认为当代社会工作专业化体现在知识、价值和技能三个方面并形成“金三角”，[②]因此，一般认为社会工作知识、价值与技能的专业性是专业社会工作的根基，[③]据此可见，价值始终是社会工作范畴的核心要素之一。价值是人民对善恶美丑的判断，

① 王思斌 . 社会工作概论（第三版）[M]. 北京：高等教育出版社，2014：16.

② 夏学銮 . 社会工作的三维性质 [J]. 北京大学学报（哲学社会科学版），2000（1）：140–147.

③ 张巍，张勇 . 我国社会工作范畴辨析及理解分歧 [J]. 社会工作与管理，2024，24（6）：1–10.

穆丽尔认为，价值是个人或社会群体认为优先的行为之公式，意味着对生活的手段、目的和条件等方面的经常性偏爱，通常伴随强烈的感情。[①]在其根本意义上，价值是一种主观性、情感性的偏好性选择或信仰，这种偏好性的选择即主体意欲追求的应然目的。同样，社会工作价值在社会工作的理论与实践中均占据关键地位，决定和影响社会工作理论发展与实践走向。然而，在不同国家和地区、在不同发展阶段，不同主体从不同层面对社会工作的价值有着差别性的理解与判断。莫雷尔等认为这种特有的社会工作价值观主要包括个人在社会中首要地位的承诺等十个方面。[②]贝姆从人、社会和专业三个层面对社会工作的价值进行归纳，[③]赫普沃斯、鲁尼和拉森把社会工作的价值观概括为四个方面。[④]我国也有学者认为社会工作价值包括个人价值与尊严等十个方面。[⑤]上述理解从不同层面、不同角度丰富社会工作价值所包含内容的同时，也给我们以下启示：一是社会工作价值具有多层次和多元性，包括个人、社会、专业和工具等多个层面，社会工作价值的内容或其追求目标是多元而复杂的，而且是相互并存的，即社会工作有多个同时并存的价值。二是社会工作价值深受主体所在的社会主流价值观影响，不同国家或地区的价值选择因此有差异。西方社会工作价值建立在自由、平等、博爱和对人权利承认的基础上，而我国崇尚社会主义的集体主义，注重社会和集体利益，[⑥]或许正因如此，在很多场域或语境中，个人主义和人本主义成为西方社

① 顾东辉 . 社会工作概论［M］. 上海：复旦大学出版社，2023：49.

② Morales A，Sheafor B W，Scott M E. Social work：a profession of many faces［M］. 6th ed. Boston：Allyn and Bacon，1992：224–228.

③ 陈树强 . 社会工作在西方的理解［J］. 社会工作研究，1994（1）：14–17.

④ 顾东辉 . 社会工作概论［M］. 上海：复旦大学出版社，2023：51–52.

⑤ 顾东辉 . 社会工作概论［M］. 上海：复旦大学出版社，2023：52.

⑥ 王思斌 . 中国社会工作的经验与发展［J］. 中国社会科学，1995（2）：97–106.

会工作价值的潜台词，而我国社会工作更强调公共价值或社会价值。特别是中国特色社会主义进入新时代以来，社会工作实践处于新的社会生态与组织生态之中，社会工作价值在保持相当程度共识性和稳定性的基础上，发生了具有鲜明特色的变化，其突出变化之一就是社会工作的公共性价值在以人民为中心的中国式话语表达中得以彰显。

一、社会工作之公共性价值

在人类发展的历程中，公共性始终是人们关注的焦点问题之一，而且关注公共性的重点历经从政治的公共性到群体公共性再到个体公共性的位移，18 世纪前人类关注并实践的重点是政治公共性，即关注权力及国家的公共性，从 18 世纪初到 20 世纪 80 年代，人类关注和实践的重点是群体公共性，即关切社会领域的公共性，而 20 世纪 90 年代人类关注并实践的重点是个体公共性，即关注个体行为的场景性与多元性。[①]社会工作所蕴含的公共性则更多体现在个体公共性上。不论是西方语境中的“专业社会工作”，还是我国语境中的“大社会工作”或“民政社会工作”，公共性价值始终没有在社会工作实践场域中缺席。社会工作在美国存在两种专业化模式：一种是以法律和医学为典型例证体的个体案主直接与专业人员签订服务合同的模式；另一种是以教师和城市规划者为典型代表的专业化的公共模式。其中，后者专业人员主要是在正式组织和公共部门主办下运作的，并且把他们的服务定向在公共福利上。莫雷尔和雪福认为社会工作必须在个体案主和公共福利方面维持一种平衡的考

① 童敏.基层治理范式：中国社会工作自主知识的基本框架［Z］.中国社会工作教育协会2024年会“中国式现代化与中国社会工作和社会政策自主知识体系建构”分论坛的发言，2024-11-10.

虑。[①]可见，在西方语境中，社会工作在为个体案主提供服务的同时，也提供公共福利，而且要尽可能实现二者平衡。尽管从服务传送的本质来看，两种专业化模式都是社会福利机构、项目和服务的代理者和发送者，二者均是在提供或传递服务，没有本质区别，但第二种模式更强调或突出其所提供服务或福利的公共性，所以在一定程度上，提供公共性服务实则是社会工作服务的应有之义。就是在西方资本主义国家，以自由主义和个人主义为主流意识形态的场域下，社会工作实践依然承载着公共性的价值和使命，并非单纯致力于个人或个体的救助。从目的或功能上讲，社会工作最深刻的本质特征是利他主义的社会互动。[②]利他行为实则是公共性的基础，蕴含着公共性之意蕴。因此，有学者认为社会工作是以对人的关怀为核心价值的社会性的工作，是在社会领域从事的、对社会有益的社会性工作，[③]此处社会性无疑具有社会公共性之意涵和属性。

我国在引入社会工作之后，在具体的意识形态、政治经济制度以及社会文化环境的背景下，社会工作蕴含的公共性价值更为凸显。特别是在社会工作部体制下，社会工作承载着重要的基层治理使命，在基层治理这一具体的实践场域中，社会工作实践与基层社会的物理空间和社会空间紧密相连，基层社会的物理空间和社会空间是社会工作公共性价值产生的基本环境和条件，在一定程度上，社会工作的公共性价值正

---

① Morales A，Sheafor B W，Socct M E. Social work：a profession of many faces［M］. 6th ed. Boston：Allyn and Bacon，1992：40.

② 何国良，王思斌 . 华人社会社会工作本质的初探［C］. 北京：八方文化企业公司，2000：3–15.

③ 王思斌 .“大社会工作”框架下社会工作的多角度理解及专业性［J］. 中国社会工作，2023（19）：6.

是来自基层社会物理和社会空间所具有的公共性属性。在基层治理层面上，我国社会工作服务的场域或空间主要包括家庭、楼宇、小区或社区等，在上述空间或场景中，社会工作者通过改善家庭关系、邻里关系以及社区关系等途径达到“优境”进而人境共优的目的。而上述任何一种关系的改善或优化，都无法仅通过个人孤立的行动或自我建设完全实现，都要与他人或群体发生千丝万缕的联系，都超越了纯粹的个人私的领域而具有一定程度或意义的公共性。而且，在社会工作采用的人境共优的方法层面上，公共性价值也是社会工作实践的应有之义。在我国社会工作理论语境中，“人在场景”是社会工作理论与实践的核心框架，其融入社会工作的价值伦理、理论体系、实践发源及工作过程等领域，反映的是整体格局的统领概念。尽管社会工作以“融汇、解困、增能”为目标，但其以动态的人境共优为方法，具有助人—优境—强己之功能。社会工作对个人的救济与增能是通过改善个人的社会关系或生存环境而实现的，即通过“优境”而实现，社会工作实践实则是在“场景”基础上的“优境”行为。场景是一个整体性、全局性观察视角，其聚焦的不再是孤立的个人，而是个人赖以生存的场景，场景的改善与优化，是超越个人或私域的空间，必须在一定公共性的场域或空间内完成，因此社会工作实践必然超脱个人空间而具有公共性。正因为社会工作具有公共性，社会工作行为与国家场域的政府行为、市场场域的企业行为相区别，也与社会场域的慈善、公益及志愿行为有差异。[①] 总的来看，在基层治理这一具体场域或环境中，社会工作者通过改变社会成员个体及行为、社会成员社会关系等环境因素或条

---

① 顾东辉.专业迷思与多维应变：当代中国社会工作发展的十项任务［J］.中国社会工作学刊（第四辑），2022（4）：20–24.

件，在推进人境共优的同时实现了个体公共性的构建，使社会工作在实践中对成员个体服务的个体性与基层治理场域或空间中的公共性得以平衡。

二、以人民为中心的公共性价值蕴含

我国社会工作实践在秉承和践行上述社会工作的价值追求的同时有自身特色。特别是进入新时代以来，中国特色社会主义实践不断丰富着社会工作的场域与背景，对社会工作理论与实践提出新的时代命题，社会工作的价值自然也随之进一步发展和丰富，更加体现和渗透中国元素与中国特色，其中一个突出特点是以人民为中心的价值对传统特别是西方语境中专业社会工作所具有的个人增能价值的超越，或者说在我国社会工作具体实践中，特别是在新时代中国特色社会主义理论体系和实践中的诸多语境或场域中，“以人民为中心”这种深具中国政治特征和文化属性的中国式话语对我国社会工作价值进行了表达。以人民为中心不仅涵盖了社会工作对个人增能价值的追求，而且蕴含着丰富的、深具中国特色和时代特色的社会工作的价值追求。

我国在社会工作实践中秉持以人民为中心的价值，为场景或空间中公共性的构建提供重要的基础。以人民为中心中的“人民”虽然是以具体的个人对象为基础，但其同时具有超越具体个人存在的抽象意义，这种抽象意义的存在不仅为社会工作体现或蕴含群体利益与社会公共利益之价值提供了意境和空间，而且为社会工作实现个人、社会和国家乃至全人类价值的一致性提供了重要的通道。一方面，“人民”之范畴体现着其对个体权利的尊重和保护，对个人权利的保护是以人民为中心价值的基础；另一方面，"人民"之范畴所具有的超越个人或个体的抽象意义为构建基于个体利益的公共性提供了重要的通约性基础，"人民"的抽象性意义内在地蕴含着公共性之属性，所以，以人民为中心的价值能够较好地平衡和涵盖个体价值与公共性价值的追求。也正因如此，培育或建构个体公共性成为社会工作实践的关键甚至核心任务。因此，以人民为中心这一中国式社会工作价值的表达，不仅蕴含个人权利保护和增能之价值，也蕴含对群体利益和社会公共利益的尊重与保护之价值，且彼此间具有一定程度的一致性。以人民为中心的社会工作价值，意味着社会工作追求的个人增能与权利保护不仅是个人或个体的民生福祉，也并非个人增能与福祉的简单相加，还应包括对群体性，甚至社会整体的民生福祉的追求，在社会整体意义上推进社会整体进步的价值追求，此正是公共性价值的重要体现。

第三节　在新的时代使命中丰富提质社会工作实务内容

学界一般将社会工作实践性过程与内容称为社会工作实务，在很多场景下的社会工作话语表达实则指社会工作实务，即表达的是具体的社会工作实践内容之意。美国的《社会工作辞典》将社会工作实务定义为"运用社会工作知识和社会工作技巧，履行社会的委托，采取与社会工作价值观相一致的方式提供社会服务"。[①] 总的来看，社会工作实务所指的

① 刘继同.英美社会工作实务模式的历史、类型与实务模式演变的历史规律［J］. 社会工作，2014（5）：3-30.

主要内容是社会工作提供服务的主要类型与内容，即社会工作实务主要指社会工作提供了哪些服务。社会工作实务内容既是社会工作范畴的主体内容，也是观察社会工作属性、理解社会工作范畴的重要因素或观测点。在不同国家和地区，在同一国家的不同发展阶段，以及在整个社会工作发展历程的不同阶段，尽管社会工作实务的具体内容有相当的共识性或一致性，但不论在欧美国家还是在我国，社会工作实务内容在不同历史发展阶段都存在一定程度的差异。在整体上，社会工作实务可以分为微观实务、中观实务和宏观实务三类，清晰反映社工实务的性质、目标、范围和功能。[①]社会工作实务体系主要由看得见的服务活动和看不见的专业伦理、价值观组成，在欧美国家，社会工作实务范围内容主要包括社会预防、社会治疗和社会康复三大领域，承担着包括预防、修补和恢复（对那些社会功能受到损害者予以康复诊疗）在内的三类功能。[②]学者刘继同对 20 世纪以来英美社会工作实务范围内容的历史形成、发展轨迹和界定取向进行梳理发现，英美社会工作实务范围内容的历史性主题是直接服务、协调与沟通、教学与教育服务、咨询服务、倡导性服务、研究性活动、社会工作干预评估研究和行政管理八大类。其社会工作实务范围内容结构性演变规律呈现从非专业到专业服务，从直接服务到间接服务，从点面性服务到系统性服务，全面性、过程性、专业性、系统性社会工作服务体系框架形成等发展过程性特点。[③]

---

① 刘继同 . 英美社会工作实务模式的历史、类型与实务模式演变的历史规律［J］. 社会工作，2014（5）：3–30.

② 刘继同 . 英美社会工作实务范围内容演变与现代社工实务概念框架建构［J］. 社会工作，2013（3）：3–15.

③ 刘继同 . 英美社会工作实务范围内容演变与现代社工实务概念框架建构［J］. 社会工作，2013（3）：3–15.

当前，我国新的历史发展阶段与新的发展环境构成新时期社会工作新的生态系统，在宏观上，中国式现代化建设及经济社会发展进入新发展阶段，我国社会的主要矛盾已经转化为人民日益增长的美好生活需要和不平衡不充分的发展之间的矛盾，高质量发展和高品质生活成为新时代主题，此宏观环境要求新时代社会工作必须积极回应经济社会发展和居民生活的时代需求，社会工作实务内容也必将因此发生变化。在中观上，社会工作部组建后，我国社会工作实践处在新的领导体制和组织系统中，其自身的生存与发展生态发生了变化，呈现政治生态地位提高、系统性增强、系统内联增强、生态系统功能扩展、系统统筹领域扩大、系统能力增强等几个显著特征。[①]在此新的组织系统下，社会工作实务内容及服务的对象与边界也应有新的变化。在微观上，以信息和互联网技术为基础的大数据以及人工智能技术的快速发展，为社会工作实务提供了新的技术生态系统，必定带来社会工作实务方法的变革。总之，我国社会工作所处的时代方位与新的生态系统决定了新时代的社会工作实务内容必须与时俱进，必须与国家经济社会发展战略需求相适应，与党和国家治理制度和体系相适应，与科学技术发展相适应。在此过程中，优化和拓展社会工作实务内容，提高社会工作服务质量不仅是新时代社会工作发展的必然要求，也是我国社会工作本土化发展的重要体现。

一、拓展优化社会工作实务内容

如前所述，社会工作实务内容的变化与经济社会发展需求及其所处的社会生态紧密相连，新时代以来，特别是组建社会工作部后，中央社

---

① 王思斌.生态系统转换下我国社会工作的位势变化与新本土化发展［J］. 东岳论丛，2024（1）：78–85.

会工作部作为中国共产党统领社会力量、解决社会领域的问题、加强和创新社会治理、推进社会建设的职能部门，此“社会工作”是党针对社会领域的工作，是组织和动员社会力量参与社会建设的工作。[①]有学者将此组织生态下党领导的“对社会的工作”或党的“社会领域的工作”称为党的社会工作，党的社会工作系统旨在解决各领域的基层社会治理能力不足、人才不够、整合性差、功能散弱等问题，提高社会治理效能。[②]社会工作部作为统筹社会领域工作的党的职能部门，为包括专业社会工作在内的“大社会工作”的发展营造新的制度环境，必定会为发展专业社会工作、发挥社会工作专业优势创造更好的条件。[③]前述已言，社会工作部承载着统筹基层治理力量、发挥基层治理功能的机构部门使命，其突出特点是发挥党组织的作用，以党建引领社会工作发展、引领基层治理，因此，党的工作内容及工作重点无疑会影响社会工作实务内容的偏好性选择与定位。当然，民政领域依然是社会工作的主战场，专业社会工作者是党的“社会领域的工作者”的有机组成部分。[④]但在社会工作部领导体制下的社会工作，一方面强调党在社会领域的引领作用，通过职责集中和机构整合提升基层治理效能；另一方面旗帜鲜明地强调基层社会治理的重要地位。[⑤]此特点自然会影响社会工作实务的具体内容。

其实，我国社会工作实务内容不论是在实践中，还是在国家政策体系中，都随着经济社会的发展不断发生一定程度的变化，2011 年国家

① 王思斌 . 发展好“大社会工作”[J]. 中国社会工作，2023 (10)：6.

② 王思斌 . 在机构改革新格局下发展好民政领域社会工作 [J]. 中国社会工作，2023 (34)：6.

③ 王思斌 . 发展好“大社会工作”[J]. 中国社会工作，2023 (10)：6.

④ 王思斌 .“大社会工作”框架下社会工作的多角度理解及专业性 [J]. 中国社会工作，2023 (19)：6.

⑤ 黄晨熹 . 组建中央社会工作部对我国社会工作的重要意义 [J]. 人民论坛，2023 (23)：36–40.

颁布实施的《关于加强社会工作专业人才队伍建设的意见》，将社会工作专业人才直接提供社会服务的领域概括为社会福利、社会救助、慈善事业、社区建设、婚姻家庭、精神卫生、残障康复、就业援助、纠纷调解、应急处置等 18 个方面。我们可将此 18 个领域视为社会工作实务的主要领域。从这 18 个领域来看，社会工作的服务领域实则相当广泛。2023 年社会工作部组建后，社会工作部职能在宏观上可以概括为信访、基层治理和社会领域党建三个领域。此职能范围与学界传统理解的社会工作特别是与所谓专业社会工作的服务对象和内容有密切联系，但也有较大差异，甚至在社会工作部职能中明确表述的承担“指导社会工作人才队伍建设”话语中的“社会工作人才队伍”也并非传统意义上的专业社会工作人才队伍。当然，在社会工作部职责领域中，社会工作理应承担起相应的使命，有广泛的发挥作用空间，这是毋庸置疑的。但在社会工作部所承担的“信访、基层治理和社会领域党建”职能范围内，社会工作应该做什么，或社会工作服务的对象和内容应包括什么，不仅是值得探讨的理论问题，目前在实践中也处于摸索阶段。

从社会工作部的职能定位来看，其所言的“社会工作”职能似乎比上述《关于加强社会工作专业人才队伍建设的意见》中的社会工作服务范围更为广泛。有学者认为社会工作部中的“社会工作”可以从社会领域的工作、社会性的工作和体制外的工作三个方面进行理解。社会领域的工作是指在社会领域工作、对社会领域的工作或为社会领域工作；社会性的工作指一般面对广大社会的社会性工作或为困弱群体进行专业服务的社会性工作；体制外的工作一般指政府之外的工作，如社会力量的概念。[①]此三个层面的内容不仅彼此有一定联系，而且从内容来看，都属于社会工作部职能的应然目的。就此而言，社会工作部中的社会工作内容比传统学界理解的“社会工作”或“专业社会工作”有了较大的丰富和发展，正因如此，有学者认为应将社会工作部中的“社会工作”理解为“关于社会发展的工作”，[②]“关于社会发展”的话语表达其蕴含的社会工作内容外延更显宽泛和丰富。而且，社会工作部是党的职能部门，此部门下的社会工作属于党的社会工作，总体属于“大社会工作”的范畴，[③]其工作范围呈现扩散性、专业性、本土性特征。其中扩散性意味着服务对象或服务内容的拓展和扩大，即从所谓“专业社会工作”的传统领域扩展到其他领域，党的社会工作还包括党对政府之外的、社会领域的、有关治国理政方面的某些工作。[④]总之，新时代社会工作部体制下的社会工作实务内容不仅包括传统的专业取向的社会工作内容，也包括党在社会领域了解群众需求、组织动员群众参与社会治理方面的工作。例如近年来，社会工作在基本社会服务、社区治理和社区矫正、戒毒康复等领域的发展，在司法领域、社会救助核查等方面开展服务都是新时代社会工作的重要内容，[⑤]是新时代社会工作积极自我转型发展的体现，也是对中国式现代化建设需求的积极回应。

---

① 王思斌.“大社会工作”框架下社会工作的多角度理解及专业性［J］. 中国社会工作，2023（19）：6.

② 中央社会工作部组建，有何深意［EB/OL］. https://www.chinanews.com.cn/gn/2023/08-27/10067833.shtml.

③ 王思斌.生态系统转换下我国社会工作的位势变化与新本土化发展［J］. 东岳论丛，2024（1）：78–85.

④ 王思斌.“大社会工作”框架下社会工作的多角度理解及专业性［J］. 中国社会工作，2023（19）：6.

⑤ 王思斌.机构设置新格局下“大社会工作”的均衡发展［J］. 中国社会工作，2023（16）：6.

二、提升新时代社会工作服务质量

在社会工作部新的组织生态系统中，社会工作实务内容范围不仅需要拓展和丰富，而且社会工作服务的质量更要提高，因为高质量的社会工作服务是社会工作实践立足社会，或立足社会工作部组织体系的根本和依据，否则社会工作实务将被淹没或淡化。在社会工作部体制下提高社会工作服务质量的路径多种多样，但专业化的社会工作是高质量社会工作服务的基本前提，是当前学界的共识，或者说将社会工作实务做得专业化是提高社会工作服务质量的重要路径。而且，组建社会工作部将为社会工作发展营造新的制度环境，必定会为发挥社会工作专业优势创造更好的条件，具有专业特征的社会工作必将得到更好的发展。[①]但由于我国特殊的社会工作生态环境，社会服务和管理体系、社会问题的性质、人们的求—助结构，以及基层工作程序的独特性，决定了我国社会工作的专业性具有相当的特殊性，[②]而且专业社会工作范畴本身不仅蕴含着从业者专业技能程度的差异，在社会工作知识、价值与技能等方面也存在多元性和复杂性，反映出社会工作服务领域的不同。[③]因为在相当长的一段历史时期内，民政领域始终是社会工作的主战场，而且社会工作部体制下的社会工作又承载着信访、基层治理和社会领域党建等职能，使当前我国社会工作实务内容显得更为宽泛。基于此，有学者将社会工作部体制下的社会工作理解为“大社会工作”，此“大社会工作”意味着我国

① 王思斌．发展好“大社会工作”［J］．中国社会工作，2023（10）：6.

② 王思斌．“大社会工作”框架下社会工作的多角度理解及专业性［J］．中国社会工作，2023（19）：6.

③ 张巍，张勇．我国社会工作范畴辨析及理解分歧［J］．社会工作与管理，2024（6）：10–17.

社会工作的服务范围和领域更为扩大。但社会工作实务内容范围和领域的扩大不能以牺牲社会工作服务质量为代价，并非意味着新组织生态系统中社会工作的去专业化，而是要利用社会工作的专业理论、方法与技能将社会工作部生态系统下的社会工作做得专业化。基于此，新时代的社会工作发展需要适应国情，更接地气，能更好地解决民生服务、基层社会治理和社会建设方面的问题，要研究新的发展策略。①

为此，由于新时代社会工作实务内容和价值目标都发生了一定的变化，将社会工作部生态下的社会工作做得专业化，将曾经非专业社会工作或专业化程度不高的工作做得专业化，实则就是将此领域的社会工作变为专业社会工作，所以，在理论上要消除“专业社会工作”与“非专业社会工作”间的对立性分类与标签性理解，新时代社会工作部体制下“社会工作”的高质量发展不仅自身存在专业化或专业性发展的强烈需求空间，也存在现实而具体的专业化实践路径与方法。社会工作高质量发展走专业化道路是必然，一方面要求我们要将“大社会工作”与社会工作的专业知识、技能与方法相结合，将社会工作的专业元素渗透于、运用于一般工作，改进原来的工作方法，使其更有成效，体现社会工作的专业性。②而且，高质量的社会工作服务离不开具有较高专业素质、专业能力的社会工作者队伍，社会工作部体制下更应该认真对待这支队伍的专业性提升。③另一方面，专业社会工作群体也应以一种开放、包容的心态对待新时期的社会工作，不能唯我独尊，要坚持专业理性与实践理性

---

① 王思斌.生态系统转换下我国社会工作的位势变化与新本土化发展［J］. 东岳论丛，2024（1）：78–85.

② 王思斌.“大社会工作”格局下社会工作专业性再认识［J］. 中国社会工作，2023（25）：6.

③ 王思斌.“大社会工作”框架下社会工作的多角度理解及专业性［J］. 中国社会工作，2023（19）：6.

并举的发展道路，[①]专业的社会工作者要在新的服务对象与服务领域找到专业社会工作的介入点，以其专业性改善现有社会服务工作，同时凸显社会工作的专业优势。[②]在一定意义上，社会工作通过自己的专业优势，将曾经所谓专业性不强的领域做成凸显专业性的领域，或者能够为某一个领域提供高质量、高品质的服务，实则就是专业化的服务，其提供服务的行为实则就是专业化社会工作。因此，对专业化的标准也不宜局限于传统的所谓“专业社会工作”的理解。总之，社会工作部工作体制下社会工作实践与发展实则是我国社会工作本土化的一种实践路径与形式，在本土实践中适应性和创造性地实现社会工作的功能。[③]

第四节　在新的技术生态中升级社会工作方法

社会工作方法不仅与人的主观能动性和创造性有关，而且与科学技术条件有密切联系。选取何种方法，如何运用社会工作方法，都与技术条件有关。特别是在科技时代，科学技术条件对社会工作方法的影响显得更为重要。

一、科技发展与数智时代的来临

当前，科学技术突飞猛进，人类正在快速进入人工智能时代或数智时代。从人类科技发展历史来看，人工智能或大数据或数智技术是第四

① 王思斌. 积极推进我国社会工作的高质量发展：兼论社会工作发展中的专业理性与稳妥理性［J］. 中国社会工作学刊（第四辑），2022（11）：9–10.

② 王思斌. “大社会工作”格局下社会工作专业性再认识［J］. 中国社会工作，2023（25）：6.

③ 王思斌. 中国式现代化新进程与社会工作的新本土化［J］. 社会工作，2023（1）：1–9.

次工业革命的重要内容和体现，2006年德国联邦政府通过《高技术战略2020》，该战略文件重点为《未来项目——“工业4.0”》，据此德国三大工业协会[①]共同建立一个名为“第四次工业革命平台”的办事处，并展开相关行动。2013年，德国汉诺威工业博览会中“工业4.0”概念受到关注，“工业4.0”概念包含了由集中式控制向分散式增强型控制的基本模式转变，目标是建立一个高度灵活的个性化和数字化的产品与服务的生产模式，旨在通过充分利用信息通信技术和网络空间虚拟系统——信息物理系统（cyber-physical system）相结合的手段，将制造业向智能化转型，其主题主要包括智能工厂、智能生产和智能物流。这些都预示着第四次工业革命已经来临。

德国哲学家雅斯贝尔斯在《历史的起源与目标》中提出的“轴心时代”理论，[②]将技术革命视为文明跃迁的重要标志。当前，以数字化、智能化、网络化为特征的科技发展，正在创造一个新的“技术轴心时代”。法国社会学家卡斯特在《网络社会的崛起》中提出的“网络社会”理论[③]指出，信息技术不仅改变了生产工具，更重构了社会形态本身。[④]科技发展会带来技术范式的革命性变革，美国技术哲学家凯文·凯利在《技术元素》中认为，当代科技发展呈现三个本质特征：首先是技术的自主进化性，人工智能的递归自我改进能力正在突破传统技术发展的线性模式；其次是技术的生态化趋势，不同技术领域之间的融合催生了新的

---

① 三大工业协会：德国信息技术、通信、新媒体协会，德国机械设备制造业联合会以及德国电气和电子工业联合会。

② Jaspers K. The origin and goal of history［M］. New Haven：Yale University Press，1953：18.

③ Castells M. The rise of the network society［M］. Oxford：Wiley-Blackwell，2010：32.

④ Latour B. Reassembling the social：an introduction to actor-network-theory［M］. Oxford：Oxford University Press，2005：56.

技术物种；最后是技术的涌现性特征，单个技术组件通过网络连接产生系统级智能。[①] 特别是在以人工智能为代表的数智时代，数智时代的技术系统具有三个典型特征：[②]首先是数据的本体化，数据不再仅是信息的载体，而成为建构现实的基本要素；其次是算法的权力化，算法决策正在重塑社会资源的分配逻辑；最后是交互的界面化，人机交互界面成为社会关系的新中介。德国社会学家哈贝马斯的交往行为理论面临数字媒介的挑战，虚拟交往改变了传统的沟通理性。算法不仅是一种技术工具，更是一种新的权力技术。法国哲学家德勒兹预言的"控制社会"正在通过数据监控成为现实。[③]美国学者加洛韦的协议理论指出，代码正在成为新的规训手段。[④] 数智时代的核心要素包括大数据、人工智能、物联网、云计算和区块链等新兴技术。这些技术不仅推动了经济的快速发展，还深刻改变了人们的生活方式和社会治理模式。总的来看，科技的发展特别是数智技术的应用，会带来经济基础的重构、社会关系的转型以及权力结构的演变，从经济模式到生活方式，从社会治理到文化教育，科技的力量无处不在。然而，科技发展也带来了新的挑战，如隐私保护、就业结构调整、伦理道德等问题。我们需要在推动科技进步的同时，注重科技伦理和社会规范的建设，确保科技发展能够真正造福人类。技术不再仅是结构二重性的中介，[⑤]而成为具有自主性的"第三元"。[⑥]面对算法

---

① Kelly K. What technology wants［M］. New York：Viking Press，2010：45-48.

② Zuboff S. The age of surveillance capitalism［M］. New York：Public Affairs，2019：178-181.

③ 德勒兹 . 控制与生成［M］. 开封：河南大学出版社，2016：198-203.

④ Galloway A R. Protocol：how control exists after decentralization［M］. Cambridge：MIT Press，2004：89，143.

⑤ 曾国屏 . 技术社会化引论［M］. 北京：中国人民大学出版社，2018：172-175.

⑥ Stiegler B. Technics and time，the fault of epimetheus［M］. Stanford：Stanford University Press，1998：285-288.

黑箱，传统的交往理性如何可能成为新的理论课题，[①]技术理性与人文价值的张力更加突出。[②]

二、数智社会工作的机遇与挑战

数智技术无疑给社会工作实践带来巨大的变革，也给社会工作实践带来一定的发展空间与机遇，在一定程度上推动着社会工作的升级与发展。有学者认为数智技术给社会工作带来的机遇主要包括以下三个方面：[③]一是跨越时空阻隔的社会工作服务成为可能。首先，线上服务热线、线上服务网站、人工智能聊天室、人工智能情感机器人等数字社会工作的服务方式超越了以往短期项目制社工服务的时间限制，使得社会工作服务能够一直不间断地发挥作用。其次，腾讯会议、微信、钉钉直播等具备即时音像呈现功能的在线社交应用平台，能够帮助社会工作者突破单一线下的服务空间藩篱，进而实现超远距离的即时连接和在线服务。最后，VR、元宇宙等技术的突破，使得社会工作者与服务对象能够在网络虚拟空间内实现虚拟或现实生活角色的场景重现或重构，进而达成几乎完全架空现实世界的高频互动和情感支持。二是高度精准化的社会工作服务成为可能。数字社会工作的出现，可以通过大数据、云计算、人工智能、物联网等现代信息技术高效、直接、精准地寻找和定位有需求的，甚至潜在的服务对象，并能最大限度地整合和精准投放服务资源，进而使社会工作的精准化服务成为可能。三是技术密集型社会工

---

① Latour B. Reassembling the social：an introduction to actor–network–theory［M］. Oxford：OUP，2005：298–301.

② 曾国屏．技术社会化引论［M］．北京：中国人民大学出版社，2018：152–155.

③ 韩江风，陈凤．技术不确定性视角下数字社会工作的发展机遇与转型风险［J］．甘肃开放大学学报，2024，34（5）：1–6.

作服务成为可能。社会工作专业真正从劳动密集型工作转型成为技术密集型工作。在不远的将来，服务对象可以线上一键呼叫社会工作的“滴滴社工”，基于大数据精准研判的社会工作服务远程投送，甚至融合人脸识别、人格测评、行为预测的社会工作大数据模型都有可能陆续出现。

当然，社会工作的数字化应用中也处处蕴藏风险，特别是在服务主体或对象对数字技术还没有适应、社会工作实践中的数字技术还不完全成熟的情况下，可能会对传统社会工作造成一定程度冲击的同时，由于新生态的数字社会工作还没有成熟，从而在整体上影响社会工作的服务质量及社会工作事业的发展。有学者认为数字化对社会工作社会性的冲击包括以下内容：①服务理性化，难以建立深度专业关系；②模糊专业界限，入侵私人生活；③复制数字差距，违背对弱势群体的承诺。[①]也有学者认为社会工作依托数字化工具打破了服务的空间边界，但仍难以接触到未授权和无意向的潜在服务对象，[②]反而将部分无能力使用数字技术的贫困人口排斥在外，[③]背离社会工作的初衷。例如，线上服务的开发提升了专业灵活性，但案主更易因为知情同意程序不足而受到伤害，[④]数字环境下案主隐私遭遇更大威胁，同时从业者的责任范围随着服务时空界

---

① 黄雨晴.从社会性出发：中国社会工作数字化转型的影响与应对［J］. 华东理工大学学报（社会科学版），2023（3）：42–55，69.

② Harris B，Birnbaum R. Ethical and legal implications on the use of technology in counselling［J］. Clinical Social Work Journal，2015，43（2）：133–141.

③ Steyaert J，Gould N. Social work and the changing face of the digital divide［J］. British Journal of Social Work，2009，39（4）：740–753.

④ Reamer F G. The digital and electronic revolution in social work：rethinking the meaning of ethical practice［J］. Ethics and Social Welfare，2013，7（1）：2–19.

限的打破而无限扩大，社会工作者和案主的双重关系难题凸显。[①] 再如，伴随数字技术带来更高的效率、更强的透明性和管理能力，社会工作同样面临更大的服务机械化、去专业化风险。[②] 由此可见，数字化之于社会工作具有两面性，机遇和风险同时存在于社会工作的数字化转型中。也有学者认为在社会工作数智化转型中要高度警惕数字社会工作的“伪技术化”风险、“技术霸权”风险以及“技术鸿沟”风险。

三、数智社会工作的发展路径

面对数智时代的来临，我们只有拥抱而不是排斥甚至逃逸。对于社会工作实践而言，其依然应积极适应数智技术，甚至积极融入数智技术。有学者认为中国数字社会工作的实践策略主要包括以下几点：①肯定数字化的发展方向；②考察服务对象是否适合数字化服务；③加强社会工作者数字素养和技能教育；④建立数字社会工作服务规范；⑤消除数字鸿沟。[③] 中国社会工作的数字化转型并不试图取代现实社会工作服务，而是基于从社会工作中寻求数字化的原则，在不改变社会工作专业属性的前提下将数字技术整合到业务范围内。其中，坚持以社会性作为指标决定社会工作数字化转型的方向和程度，应以持续促进社会工作的联系性和公共性为基本原则。数字技术只有在不损害社会工作社会性特质的前提下才能最大限度地发挥其对专业发展和服务效果的促进作用。笔者据此提出社会工作领域的数字技术应用规范，按工作性质可以

① Reamer F G. Clinical social work in a digital environment：ethical and risk-management challenges［J］. Clinical Social Work Journal，2014，43（2）：120-132.

② Harris J. The social work business［M］. London：Routledge，2003：69.

③ 黄雨晴. 从社会性出发：中国社会工作数字化转型的影响与应对［J］. 华东理工大学学报（社会科学版），2023（3）：42-55，69.

将社会工作的内容分为低度社会性要求、中度社会性要求和高度社会性要求三部分。首先，宣传、筹资、服务记录、项目管理、人力资源管理等行政事务与高危人群信息库建设等工作多与数据、档案以及其他职能部门打交道，社会性要求低，应加紧推进信息化和数字化转型，以提高工作效率。其次，当处理居民的短期和事务性难题时，咨询、个案辅导、小组和社区活动等服务实践可根据个体偏好、现实条件等因素灵活选择线上或线下的形式，数字技术的运用应以利于现实问题的解决且不损害个体之间充分且真诚的互动为宜。最后，当服务对象面临的问题难以解决，给其造成极大的情绪困扰，或服务对象不愿轻易敞开心扉时，尤其需要社会工作者与其建立长期且深入的专业关系，且需要社会工作者和案主之间在面对面的温暖氛围中进行真诚交往和亲密互动，这时候服务应以人与人之间真实且真诚的互动为主，数字技术是补充和辅助。就算是因现实限制必须选择线上服务，也不可将其作为冷冰冰的技术操作实践，而要投入充分的感情以进行真诚的互动，可借助视频和语音等形式增加现实感和亲密感等。此外，“人在情境中”的理论也要求社会工作者应关注元宇宙时代数字环境中可能存在的社会不公正、不公平等问题。①

有学者提出了应对数字社会工作转型的三点建议：一是探索数字技术与社会工作的深度融合。发展到今天已成为融合人脸识别、大数据分析、虚拟仿真、VR 治疗、元宇宙体验、人工智能陪伴机器人等各种高新技术的新型服务方式。首先，应当尽快实现社会工作行政管理和服务资料的信息化建设，缩减一切不必要的线上及线下服务流程和服务资料收集程序，实现对一线社会工作者的真正“减负”，而非增加额外的线上工

① 尹新瑞，孟祥寒.元宇宙：数字化时代技术与社会工作专业图景［J］. 华东理工大学学报（社会科学版），2024（4）：79–95.

作量。其次，应当创新数字社会工作的理论工具、服务方法、干预流程，更加充分地利用数字社会工作在跨越时空阻隔、收集海量数据以及提供精准服务对接等方面的巨大优势，避免将数字社会工作执行为简单化、机械化的量表测量。最后，在充分调研和区域整合的基础上，适当开发一些针对服务对象和一线社会工作者的社会工作信息化平台，并进一步探索其商业化自主长期运行的可能性。二是建构数字社会工作的专业伦理准则。数字社会工作的伦理准则必然有其特殊性。第一，数字社会工作的伦理准则要更加强调对服务对象隐私权的全方位保护，要进一步明确服务对象的隐私信息边界，并切实做好数据资料的加密和数据安全保护工作。第二，数字社会工作的伦理准则要更加清晰地界定社会工作者与服务对象之间的自我披露和共情边界，避免服务对象对社会工作者的过度依赖，以及双方私人空间的过度卷入。第三，数字社会工作者应当关注数字不平等问题，对于数字资源和数字能力薄弱的服务群体，要倾注更多的关怀和支持，避免服务对象由于数字服务资源的匮乏而陷入更加劣势的处境。三是消弭数字社会工作转型中的技术鸿沟。其一，应为老年人、残障人士等社会弱势群体开发便于操作的技术软件或技术端口，尽可能减少技术应用过程中的烦琐性和复杂性。其二，应推广数字社会工作宣传教育工程，通过社区服务中心宣传、老年大学、社工教学、志愿者帮扶、亲友互助、网上互助虚拟社区等多种形式帮助服务对象掌握新技术、新方法。其三，要保障好服务对象的个人权益，在防范隐私侵犯、信息盗取、网络诈骗等方面织好安全网，尽可能消除服务对象在享受数字社会工作服务时的后顾之忧。

后　记

本书的写作在很大程度上是“应景之作”，所应的“景”主要来自三个方面：一是此“景”直接来自社会工作部成立后，无论是学界还是实务界，对“何谓社会工作”这一问题的争论与分歧，在新的时代和语境及制度条件下显得更加复杂化，在一定程度上不仅影响理论上的理解，而且影响社会工作实务的发展。当前，社会工作范畴的理解呈现一种“婆说婆有理，公说公有理”“剪不断，理还乱”的局面，作为社会工作领域的理论工作者，有使命对此理论问题进行积极回应。二是新时代中国式现代化建设的场景与愿景。中国社会工作实践是在中国的具体场景下展开，中国式现代化建设是新时代社会工作发展的基本背景与时空条件，对中国社会工作的解读与理解离不开中国具体的时空场景与空间。另外，在中国式现代化建设进程中，社会工作应发挥其应有的使命与作用，基于中国式现代化建设的需要，社会工作有自身的发展愿景。三是学院学科建设的情景需要。学院社会工作本科专业始办于 2006 年，在近 20 年的办学历程中，也积累了一定的经验与成果，在 2024 年社会工作专业硕士学位点申请中最终以优异的评审结果获批，为进一步推动学位点建设，为社会工作硕士及本科人才的培养提供更好的条件，很有必要对一些基础性的问题进行时代性的回应，以期能为学生的学习和研究提供一定的便利。当然，也为学位点和学科建设发展提供一定的基础。

当然，笔者清醒地意识到，对一些基础性问题的研究及回应，其中的难度是可想而知的。尽管在写作本书的过程中，笔者大量地吸收或借鉴了学界的研究成果，甚至直接引用了学者的研究观点，在此对学界的努力及作者表示深深的感谢。特别是本书的部分研究成果的主要内容在相关期刊进行了呈现和公开，在此也对期刊和学界的认可表示感谢。另外，在本书的写作过程中，有很多观点来自与同事的日常交流和学界同人会议学术研讨，很多同人的见解为本书的写作提供了重要启发。

在乙巳年春节前，本书总算敲下初稿的最后一个字符，任务似乎都是“赶”出来的。赶工的过程，加之笔者能力有限，书中的疏忽与漏洞在所难免，甚至可能存在谬误之处，当然，文责由本人承担。同时，笔者期望社工学界及实务界能积极地投入相关问题的理论探讨中，在理论发展的同时推动社会工作事业发展。

张 勇

公历2025年1月25日（农历甲辰年腊月二十六）于湛江 燕岭